上海师范大学智库培育项目(2021)

休闲研究专著系列

长三角城市文化发展竞争力研究（2021）

楼嘉军　关旭　沈莉　李慧 等　著

上海交通大学出版社
SHANGHAI JIAO TONG UNIVERSITY PRESS

内容提要

本书的研究范围是长三角地区的 41 个城市;研究的内容是长三角地区城市文化竞争力的发展水平。本书以理论模型和实证分析相结合的研究方式,从文化支持力、文化吸引力、文化接待力、文化利用力和文化消费力五个维度,对长三角地区 41 个城市的文化竞争力指数进行分析和解读。本书由三部分组成,第一部分是总报告;第二部分是文化竞争力指标分析;第三部分是专题研究。

本书可用作高等院校文化、旅游、休闲、会展和社会学等专业的参考教材,也适合作为文化产业管理、旅游管理、会展节事管理以及其他城市公共服务管理部门的参考用书。

图书在版编目(CIP)数据

长三角城市文化发展竞争力研究. 2021 / 楼嘉军等著. —上海: 上海交通大学出版社, 2022.11
ISBN 978 - 7 - 313 - 27472 - 4

Ⅰ. ①长… Ⅱ. ①楼… Ⅲ. ①长江三角洲-城市文化-竞争力-研究-2021 Ⅳ. ①G127.5

中国版本图书馆 CIP 数据核字(2022)第 171430 号

长三角城市文化发展竞争力研究(2021)
CHANGSANJIAO CHENGSHI WENHUA FAZHAN JINGZHENGLI YANJIU (2021)

著 者:楼嘉军 关 旭 沈 莉 李 慧 等			
出版发行:上海交通大学出版社		地 址:上海市番禺路 951 号
邮政编码:200030		电 话:021 - 64071208
印 制:苏州市古得堡数码印刷有限公司		经 销:全国新华书店
开 本:710 mm×1000 mm 1/16		印 张:17
字 数:208 千字		
版 次:2022 年 11 月第 1 版		印 次:2022 年 11 月第 1 次印刷
书 号:ISBN 978 - 7 - 313 - 27472 - 4		
定 价:78.00 元		

前　言

　　2021 的《长三角城市文化发展竞争力研究》由上海师范大学休闲与旅游研究中心和华东师范大学工商管理学院休闲研究中心联合组成的课题组共同编制完成。本报告也是课题组发布的关于长三角城市文化竞争力评价的第二份报告。

　　本报告研究范围,包括上海市、江苏省 13 个城市、浙江省 11 个城市、安徽省 16 个城市,共计 41 个城市。纳入监测的 41 个城市,区域面积为35.8 万平方公里,约占全国的 3.7％;地区生产总值约为 23.7 万亿元,约占全国的 23.9％;人口总量 22 620.34 万,约占全国的 16％。

　　本报告以长三角 41 个城市为研究对象,立足于长三角一体化国家发展战略,通过建立文化竞争力指标体系,对长三角 41 个城市的文化竞争力水平进行评估,以便准确把握与客观反映长三角地区城市文化发展的实际进程与发展水平,从而为长三角城市文化的内涵式高质量发展以及区域文化软实力打造提供决策依据,更好地服务于长三角区域经济一体化发展战略。本报告的指标体系包括五个维度,分别为文化支持力、文化吸引力、文化接待力、文化利用力和文化消费力,总计包括 36 个评价指标。本报告得出以下几个结论。

从综合发展水平看,上海、杭州、南京、苏州、宁波、合肥位列前6位,表明这6座城市文化竞争力综合发展水平在长三角地区名列前茅。从总体上看,无论排名靠前或是靠后,长三角城市文化竞争力的分布态势,与各城市在长三角地区的社会经济发展水平大致相符,体现了经济与文化互动发展的基本特征。

从五个维度的分类指标看,41个城市的文化竞争力状况如下。

第一,文化支持力。主要反映城市居民进行休闲文化消费的宏观环境条件,包括城市经济发展水平、教育发展水平、住房与交通、家庭休闲设备等指标,是城市文化竞争力发展的先决条件。从文化支持力分类指数看,上海、南京、杭州、合肥和苏州排名前5位,表明上述城市在经济发展水平、教育发展水平、住房与交通、家庭休闲设备等方面优势明显,为文化竞争力发展奠定了扎实的基础。而排名相对靠后的城市,则在上述多个方面的评价指标的发展上相对薄弱,一定程度上制约了城市文化支持力水平表现。

第二,文化吸引力。主要反映城市为满足本地居民和外来游客需求而提供的休闲文化和旅游设施,包括图书馆数、博物馆数、国家重点文物保护单位数、文化市场经营机构总数、影/剧院数、体育馆数、咖啡馆数、酒吧数、城市公园数、4A级及以上景区数量和主题公园数等指标,是城市文化竞争力发展的内在驱动。从文化吸引力分类指数排名看,上海、杭州、南京、宁波和苏州排在前5位,表明这5个城市在娱乐、文化、旅游等设施配置方面规模较大、类型多元,使得文化相关产业发展的整体性优势比较明显。而排名相对靠后的城市,尽管自身文化资源比较丰富,也有相应的文化市场口碑,但是受到城市经济发展水平、设施配置规模以及市场经营管理体制等因素的多重制约,导致文化产业发展相对滞后,影响了城市文化吸引力的指标排名。

第三,文化接待力。主要反映城市接待本地居民和外来游客的设施规模水平,包括每百人藏书量、博物馆参观总人次、观影人次、艺术表演团体国内演出观众人次、国内游客人次、入境游客人次、艺术表演团体演出场次等指标,是城市文化竞争力发展的重要表征。从文化接待力分类指数排名看,上海、杭州、苏州、宁波和南京排名前5位,说明这5座城市对文化资源的利用效率较高,因而文化相关设施和场所的接待能力比较充分,这也间接反映了城市加强文化产业的内涵式发展十分重要。而排名相对靠后的城市,由于在文化资源的利用效率方面存在短板,导致接待规模水平还相对较低,成为城市文化竞争力发展的又一短板。

第四,文化利用力。主要反映当前城市文化产业的发展规模,包括文化产业增加值、文化产业占地区生产总值比重、电影票房总收入、旅游总收入等指标,是城市文化竞争力发展的关键动力。从文化利用力分类指数排名看,上海、杭州、苏州、宁波和南京排名前5位,说明上述城市对文化产业的投入力度、利用效率较高,导致文化产业的产出能力较强。文化产业的产出能力非常重要,关系到文化资源的持续转化能力、文化产品的市场传播能力以及文化产业链条的关联效应。而排名相对靠后的城市,从一定程度上讲,城市对文化相关产业的投入利用效率还较低,导致市场经营能力和产业发展能力相对较弱。

第五,文化消费力。主要反映城市居民生活质量和文化消费结构,包括恩格尔系数、居民文化消费占总支出比重、人均可支配收入、居民人均文化娱乐消费、人均交通通信费用、人均电影消费等指标,既是城市居民文化生活品质的体现,又是城市文化竞争力发展的核心内容。从文化消费力分类指数排名看,上海、杭州、苏州、南京和宁波排名前5位,说明上述城市居民和外来游客的消费能力较强,反映出这些城市休闲娱乐和文旅市场的繁荣稳定,当然也是与这些城市自身的文化、旅游、娱乐等相关产品的供给充分、活动多彩、项目丰富有较大关系。而排名相对靠后的城市,则在居民文化生活消费质量和消费能力方面存在一定的制约性。

本书大致反映了长三角城市文化市场和文化产业发展的基本态势。总体来看,长三角城市文化竞争力水平在空间上依然表现为东强西弱的分布态势,揭示出经济是城市文化竞争力发展重要基础这一基本特征。当然也存在一些发展的瓶颈,如城市文化竞争力五个维度之间内部结构的不平衡、城市文化消费市场供需结构的不平衡、省域内部区域之间城市文化竞争力发展的不平衡,以及城市之间文化竞争力发展水平的差异性等依然显著,表明长三角区域内部文化产业和文化市场充分化和均衡化发展依然任重道远。长三角文化竞争力的发展需要在以下几方面着力。一是在发展目标上,以人民的获得感和幸福感为指南,推动长三角地区成为国内高品质文化生活的典范区。二是在发展要求上,注重质量和效益,推动城市文化产业的高质量发展。三是在发展路径上,通过文化价值引领,进一步推动文化和旅游的深度融合发展。四是在发展方式上,依托强劲的文化消费需求,合力形成长三角世界级旅游目的地。

本书撰写分工如下。第一部分,由楼嘉军、关旭、沈莉等负责完成。第二部分由楼嘉军、关旭、沈莉、李慧等负责完成。第三部分由朱立新、胡谍、华钢、韩雪冰、张馨瑞、毛润泽、沈莉等负责完成。此外,参加本报告沙龙讨论与材料收集还有毛润泽、李丽梅、施蓓琦、马剑瑜、陈享尔、向微、李森、郭薇、张馨瑞、赵才、赵玲玲、邹雅婧等。

本书得以顺利完成,与课题组全体成员近一年来的辛勤工作,以及以上各位老师和研究生同学的尽力配合密不可分。作为课题组负责人,在此我谨向他们表示诚挚的敬意与真诚的感谢。2021年《长三角城市文化发展竞争力研究》是该年度上海师范大学智库培育项目,感谢上海师范大学康年副校长对该项目给予的无微不至的关怀；感谢旅游研究院张宏梅院长、宋波副院长对该项目的支持与帮助，在此深表谢意。同时，还要感谢上海交通大学出版社的倪华老师和张勇老师对本书的出版与审校工作付出的心血。由于书中有关长三角41个城市休闲化发展水平的评价工作所涉及的研究数据采集量比较大，来源又多元化，加上我们认识的局限性，在理论阐述、数据处理、材料分析等方面难免会存在不足，敬请学者与读者批评指正。

楼嘉军

2022 年 8 月

目　录

第一部分　总报告

第二部分　城市文化竞争力指标分析

第三篇　专题研究

第一部分

总报告

第一章 绪 论

当今城市已进入全新的发展阶段,文化日益成为城市发展的重要动力来源与竞争优势,城市群成为国家综合实力的核心载体。长三角城市的文化竞争力不仅决定长三角城市的未来,也关系到长三角区域高质量发展和一体化国家战略目标的实现。

一、城市文化竞争力决定区域未来

对精神文化生活的追求已经成为美好生活的重要内容,城市作为人们追求美好生活的空间载体,文化竞争力的作用日渐重要,而区域的发展以城市为依托,城市文化竞争力正逐渐成为决定区域未来的关键因素。

(一)需求升级使文化竞争力成为评判城市品质的核心指标

古希腊哲学家亚里士多德说过:"人们为了活着,聚集于城市;为了活得更好,而留居于城市。"联合国人居组织在 1996 年发布的《伊斯坦布尔宣言》中指出:"我们的城市必须成为人类能够过上有尊严的、健康、安全、幸福和充满希望的美满生活的地方。"城市因人产生同时也影响着城市中的每个居民,城市的发展代表了人类对美好生活的不断追求。随着社会生产力的不断提升,现如今人们对美好生活的期待已经不仅是物质上的富足,更表现为精神文化层面上的满足与提升。

当一个国家或城市跨入中等收入阶段之后,对体验、时尚、品牌、审美和教育等方面的需求就会成为消费的主要动力①,精神文化需求的满足会成为人们的主要诉求。2022 年"中国这十年"系列主题新闻发布会公布的数据显示,我国中等收入群体规模超过 4 亿,居民人均可支配收入超过3.5 万元①,这些数字背后不仅是经济基础的变化,更暗藏着国人需求升级的密码。2022 年"五一"期间"精致露营"的火爆充分说明国人对美好生活的定义早已不是充裕的柴米油盐,"诗与远方"正成为美好生活不可或缺的一部分。

党的十九大报告明确指出"我国社会的主要矛盾已经由人民日益增长的物质文化需要同落后的社会生产力之间的矛盾,转变为人民日益增长的美好生活需要和不平衡不充分的发展之间的矛盾"。这一社会主要矛盾的转变决定了我国从高速增长转向高质量发展,这种转变关乎我国经济社会发展的各领域各环节,城市发展的目标、任务、模式、核心要素等同样因这一主要矛盾的转变而发生重大变化。对城市而言,人们对精神文明的追求和文化消费需求越发强烈,满足人民群众日益增长的美好生活需要,不能单纯依赖经济增长,而城市文化竞争力反映了城市满足人民群众美好生活需求的能力。

城市存在的价值与目的在于让生活更美好,人们在城市中所能达到的生活品质决定了城市的品质,当人们的需求由物质追求升级为精神文化需求,城市品质的高低自然由城市文化竞争力决定。国人需求的升级转变促使城市的文化功能日显重要,文化是城市功能的最高价值,文化也是城市功能的最终价值,城市文化的力量正取代单纯的物质生产和技术进步而日益占据城市发展的主流②,城市发展已经进入以文化论输赢的高

---

① 张倩楠.我国中等收入群体规模超 4 亿,人民生活进入相对殷实富足阶段[N]. https://www.jiemian.com/article/7454927.html.

② 单霁翔.从"功能城市"走向"文化城市"发展路径辨析[J].文艺研究,2007(03):41-53.

级阶段,城市文化竞争力成为衡量城市品质的核心指标。

（二）文化竞争力对城市综合实力的影响日益显著

现如今随着全球化的推进以及信息化的发展,城市由经济硬实力竞争转向文化软实力竞争的趋势日益凸显。文化竞争力为城市提供源源不断的动力,推动着城市的发展[①]。如果一个国家和地区拥有极具影响力的文化,那么它将在许多方面都有着异常强劲的竞争力[②]。对于现代城市的竞争而言,文化具有某种终极意义,城市文化为城市竞争力的增强提供深层动力。城市文化竞争力已经不仅是城市综合竞争力的一部分,而是城市竞争力的底蕴。相对于其他竞争要素,城市文化竞争力更为稳定,更具持久生命力[③],是一个城市可持续发展的基础。

首先,文化竞争力已经开始深刻地影响城市的经济发展。从发展模式来看,中国经济已经进入新常态,从高速增长转变为高质量增长,而文化是提升质量的最佳途径。需求的变化决定了供给端无论在宏观的产业层面还是微观的产品层面,都要紧抓高质量这一关键词。文化竞争力反映了城市的文化创新能力,是实现高质量供给的基础条件。从产业层面上看,文化创新能力体现了从业者的理念和心态,引领产业的发展方向,作为高级生产要素影响到城市的工业、商贸业等各行各业,在一定程度上决定着城市产业升级的效果。微观层面的产品与服务供给,同样因文化创新而实现高品质。由于人们对精神、情感、信仰等方面的需求越发强烈,文化艺术逐渐融入消费,渗透到生活的方方面面,可以说所有高品质的产品与服务都蕴含着某种文化观念或精神内涵,属于广义上的文化产品范畴。可见,当今城市经济的持续发展需要以繁荣的文化为支撑[①],文

---

① 应莺.城市精神也是城市竞争力[J].人民论坛.2017(27)：80 – 81.

② 冯·皮尔森.文化战略[M].中国社会科学出版社,1992.

③ 张怀民,杨丹.城市文化软实力提升路径选择：武汉文化软实力发展研究[J].科技进步与对策,2013,30(05)：47 – 52.

化已成为经济发展的引擎驱动[①]。

其次,文化竞争力影响城市的创新能力。文化竞争力直接反映了城市的文化创新能力,文化创新蕴含着激发创造天赋,集聚技术创新、制度创新、资源创新的巨大能量[②],是城市创新能力的重要体现。文化竞争力也反映了城市对人才的吸引力,而人才是城市创新能力的基础。当代人对于工作生活城市的选择,已经不再以就业为唯一考量,教育、文体、医疗等诸多因素都影响着人才的流向。城市文化竞争力反映了城市的文化品位和文化内涵,决定了城市对人才的吸引力,有文化竞争力的城市才能吸引人才的不断聚集,从而迸发出强大的创新能力。文化竞争力还反映了城市培育创新人才的能力,具有良好文化竞争力的城市通常有着积极向上的城市精神,有利于最大限度地调动人们的积极性和创造性。

最后,文化竞争力反映城市独特的竞争优势。城市间在经济上的竞争差距正在逐渐缩小,城市需要寻找不可复制的竞争优势。城市是在人类历史活动的时空架构中,在文明与人类社会的发展进程中历史性地生成的[③]。城市文化是城市历史的积淀,城市历史是无法重复或复制的,因此每个城市的文化都是独一无二的。文化成为城市之间相区别的重要特征,正日益成为城市竞争力的核心要素,一个拥有独树一帜文化的城市在竞争中更具优势,更有生机[④]。习近平总书记曾说过"文化底蕴毁掉了,城市建得再新再好,也是缺乏生命力的[⑤]。"文化竞争力反映了城市文化的特性,有利于城市发现自身的竞争优势,明确城市在区域发展中的定位,

---

① 徐剑.国际文化大都市指标设计及评价[J].上海交通大学学报(哲学社会科学版),2019,27(02):17－27.
② 花建.长三角文化产业高质量一体化发展:战略使命、优势资源、实施重点[J].上海财经大学学报,2020,22(04):32－48.
③ 单霁翔.从"功能城市"走向"文化城市"发展路径辨析[J].文艺研究,2007(03):41－53.
④ 应鸢.城市精神也是城市竞争力[J].人民论坛,2017(27):80－81.
⑤ 王逸群,刘天思.习近平在北京看望慰问基层干部群众引发热烈反响[N].http://china.cnr.cn/news/20190203/t20190203_524502524.shtml.

促使城市间形成合作共赢的良性发展关系。

（三）城市文化竞争力影响区域一体化发展质量

文化竞争力不仅影响城市的发展水平，对于区域发展也有着举足轻重的作用。当今世界国家实力已不仅仅体现在少数全球城市或世界城市上，而是表现在以城市群为代表的区域一体化发展质量上。城市群除了有比单个城市更大的地理空间，更重要的是城市群由地理接近、但具有不同规模、不同功能和不同比较优势的城市构成，这些城市之间存在形成良好竞合、互补、整合关系的可能，区域一体化的目标是形成区域内各城市之间的发展合力，从而实现单个城市无法达到的发展高度，实现更大区域范围的经济社会进步。但是，要实现城市群中各城市的优势互补与良性互动并不容易，仅靠区域经济的一体化，往往会因为各城市的经济利益选择而遭遇一体化瓶颈，要推动区域高质量一体化发展仍要从城市文化的角度去寻求解决方案。

区域的发展质量首先以区域内各城市的发展水平为基础，区域内每个城市的综合实力共同决定了区域的发展质量。由于文化竞争力对城市综合实力的影响越来越显著，城市文化竞争力便逐渐成为影响区域发展质量的重要因素。区域内不同城市间的城市文化既具有相对的独立性，也因地缘相近而不可分割。区域内的城市文化竞争力能够反映城市间文化的差异和共性，无论是文化差异和文化共性对于区域发展都有重要作用。在差异性方面，城市文化竞争力能反映出的城市间的文化差异，体现了区域文化的多样性和繁荣度。区域一体化发展质量在终极意义上是文化的繁荣，理想的区域文化具有自由、开放、包容的特点，区域内各城市文化实现"各美其美、美美与共"的理想状态，是区域一体化高质量发展的最佳表现。在文化共性方面，区域内城市由于地缘相近，在历史发展过程中存在着千丝万缕的联系和不间断的经济、文化交流，因此，在文化上具有一定的区域共性。这种文化共性在区域内形成共识,并具有一定规模之后,便可在与其他区域的对比中形成区域的文化优势①。文化共识除了形成区域的整体文化优势之外,对于区域的经济、环境、制度等各方面的一体化同样有促进作用。比如因文化共识更易形成信任与合作,从而降低区域内的交易成本,形成统一大市场,提高区域内的市场效率;因文化共识更易形成标准一致的商业环境、教育环境等,促进区域内的要素流动;因文化共识区域内各城市更易形成一致的发展方向和目标,有利于制度一体化的安排,从而促进区域的整体协同发展。

二、一体化高质量发展对长三角城市文化竞争力提出更高要求

从 2018 年开始,长三角一体化上升为国家战略,是国家面向未来的重要规划与部署,在 21 世纪中国迈向全球大国进程中有着重大意义。长三角一体化肩负国家重托,要完成高质量发展的新任务、新目标,《长江三角洲区域一体化发展规划纲要》明确指出,长三角一体化发展要弘扬中华文化,显著提升人民群众生活水平,走在全国现代化建设前列。长三角高质量一体化意味着推动城市群基本公共服务均等化的紧迫性更强,改善城市软硬件条件和培育弘扬城市文化的呼声更强烈②。长三角城市文化竞争力,也面对更高的发展提升要求。

(一) 长三角一体化进入以文化为主要抓手的高质量发展新阶段

自改革开放以来,长三角区域内省市间一直存在着密切的交流合作,不断推动着区域走向一体化,这一进程也使长三角成为我国经济社会发

---

① 黄活虎.我国区域文化竞争力概念研究综述[J].华东经济管理,2009,23(11):145-148.
② 原倩.建设包容性发展城市群——以长三角城市群为例[J].行政管理改革,2020(08):71-80.

展最发达和最具活力的区域。长三角沪苏浙皖四省市,陆域面积为 35.08 万平方公里,仅占我国总面积的 3.7% 左右,但全员劳动生产率一直位居全国前列,创造中国近 1/4 的经济总量,长三角地区的巨大经济效益和强劲增长势头,对中国的现代化进程发挥了重要的区域带动作用[①]。在 2018 年一体化战略提出之前,长三角地区的一体化较多地表现为经济一体化,随着中国全面迈向小康社会,党中央和国务院对长三角一体化提出了高质量发展的高层次部署与要求,《长江三角洲区域一体化发展规划纲要》明确了长三角的战略定位是"一极三区一高地"。其中"一极"是全国发展强劲活跃增长极,"三区"是高质量发展样板区、率先基本实现现代化先行区、区域一体化发展示范区,"一高地"是新时代改革开放新高地。这一重要定位,既建立在长三角强大的发展基础之上,又突出了长三角区域一体化作为高质量发展样板的重要示范意义。

长三角一体化高质量发展的目标最终要落实到城市群的建设发展上,发挥长三角各城市的比较优势,推动城市群综合实力的不断升级,提升长三角城市群在世界经济格局中的能级和水平,引领我国参与全球合作与竞争。《长三角地区一体化发展三年行动计划》提出全面提升区域核心竞争力和全球资源配置能力。要实现以上目标,城市群发展需要从依赖资源和要素投入的传统增长模式,转向更加依赖要素集聚、创新能力提升和产业链供应链创新链融合集成的高质量发展模式。长三角一体化进入高质量发展新阶段,高质量的一体化不仅包含区域内经济发展水平进一步提高,更包括教育、医疗、交通、城市环境、文化等多个领域的提升,实现城市群的共享发展[①],这一阶段的任务更加复杂繁重、意义也更加深远。

高质量一体化意味着长三角城市群的全方位协同共享发展,即实现

① 花建.长三角文化产业高质量一体化发展:战略使命、优势资源、实施重点[J].上海财经大学学报,2020,22(04):32-48.

区域内大中小城市的协调发展,构建合理的城市层级和良好的分工体系,让长三角的区域功能更均衡地分布到区域内具有比较优势的城市,而要做到这一点,必须改变对"经济型城市群"的模式崇拜和路径依赖①。鉴于文化对经济和社会发展的各方面影响越来越显著,从城市文化的视角,发现不同城市的资源禀赋和比较优势,在此基础之上培育各城市的特色文化功能、特色产业体系和特色人才体系等,有利于实现城市群内各城市分担不同的公共服务功能,成为不同的功能中心。这既有利于各城市价值的最大化,也有利于城市群整体的均衡发展。

以文化为抓手是探索长三角高质量一体化实现途径的有益尝试,而且目前也具备了一定的现实基础。2018年4月上海市率先提出建设红色文化、海派文化、江南文化三大品牌,之后浙江、江苏、安徽均提出江南文化建设目标和任务,默契地形成了一种既有共同目标又具各地特色的协同发展状态。2019年《长江三角洲区域一体化发展规划纲要》提出"共同打造江南文化等区域特色文化品牌",这在国家层面给长三角文化建设做出了战略设计和规划安排,也是长三角各省市近年来共同谋划、合力推进长三角文化建设的重要成果。以三省一市高度关注、共同推进的江南文化建设为契机,优化文化资源和功能的空间布局,对于充分发挥文化建设对区域经济发展的引领作用,促进长三角整体协调共享发展具有重要的理论价值和实践意义①。"十四五"期间深入挖掘区域传统文化、推动文化科技创新、拓展文化消费、塑造区域内城市文化品牌,必然要成为长三角一体化发展的重要方向。

(二)长三角建设文化强国先行区需要文化竞争力的全面提升

2022长三角文化和旅游联盟联席会议提出共塑长三角整体形象,

① 刘士林.江南文化中心城市规划与长三角高质量发展[J].苏州大学学报(哲学社会科学版),2022,43(02):17-25.

共同推动长三角社会主义文化强国先行区建设,让长三角"文化发展高地"更具显示度①。文化强国先行区建设包括塑造具有世界影响力的长三角区域文化品牌、建设世界重要旅游目的地、形成具有全球竞争力的文化创意产业集群等,而所有这些目标都依赖于长三角城市文化竞争力的提升。

长三角区域文化品牌是中华文化的代表之一,长三角高质量一体化发展的过程,需要不断提升长三角区域文化品牌的全球影响力。长三角区域文化品牌建设是以江南文化为共识与核心,长三角各城市文化同中有异,异中见同,是共同目标和差异化路径的有机结合①。区域文化品牌的塑造归根结底依赖于长三角区域各城市文化竞争力的提升,区域内各层级城市都需要依据自身文化特色,发挥相应的文化功能,通过区域内城市间的共享合作打造长三角区域文化品牌,以长三角多样化的城市文化彰显区域江南文化品牌的丰富内涵,以文化吸引全球游客和人才,增强长三角在全国乃至全球的话语权、示范性、引领力和贡献度②,提升中华文化在全球的影响力。

文化强国不仅体现在文化品牌的影响力上,更体现在文化产业的竞争力上,文化产业竞争力是城市文化竞争力的重要组成部分。高质量一体化发展的文化产业是长三角一体化战略的重要内容,长三角文化产业的发展以形成具有全球竞争力的文化产业集群为目标。具有全球竞争力的产业集群需要通过三省一市在文化产业投资、政策、市场、人才、对外开放等方面的合作共享来实现,最终长三角将成为全国文化产业发展的活跃增长极和升级样板区,担当起中国参与世界文化产业的国际枢纽和亚

---

① 姥海峰.沪苏浙皖共谱长三角一体化发展文旅新篇章[N]. https://baijiahao.baidu.com/s? id=1726740359878989320&wfr=spider&for=pc.
② 何建华.长三角国家战略与文化融合发展"同心圆"[J].上海文化,2018(12):83-90.

太门户的作用①。

（三）长三角引领高品质生活以文化竞争力提升为必要条件

"十四五"规划中明确指出"以城市群、都市圈为依托促进大中小城市和小城镇协调联动、特色发展,使更多人民群众享有更高品质的城市生活"。2022年长三角文化和旅游联盟联席会议提出"共同推动在高质量发展中创造高品质生活"②。通过高质量一体化发展实现并引领高品质生活是长三角高质量一体化的最终目标,体现了长三角一体化战略的人本价值和示范意义。高品质的城市生活离不开繁荣的文化生活和健全的公共文化服务,这些都可通过城市和城市群的文化竞争力表现出来。

城市文化竞争力不仅反映文化产业的发展情况,同样也反映城市居民的精神风貌与社会和谐发展情况。繁荣的文化生活标志着城市文化活动的丰富程度,以及人们对文化活动的关注度和参与度,是文化竞争力评价的重要内容。长三角一体化已初步实现了部分城市之间的同城化,长三角各城市居民的日常生活已不局限于本地,近郊休闲、双城生活已是常态,对于长三角居民来说,繁荣的文化生活既是家门口随时随地可参与的歌舞琴棋,也是兄弟省市独具特色的庆典节事,既有大城市的热闹喧嚣,也有小城镇的闲情逸致。长三角居民的文化生活品质不止取决于本市本地,更依赖于长三角城市群间密切的文化交流和协同共享,即城市群的文化竞争力提升。

公共文化服务保障着民众的基本文化权力③,健全完善的公共文化服务是高品质生活的重要支撑,也是衡量文化竞争力的重要方面。长三角

---

① 花建.长三角文化产业高质量一体化发展:战略使命、优势资源、实施重点[J].上海财经大学学报,2020,22(04):32-48.
② 姥海峰.沪苏浙皖共谱长三角一体化发展文旅新篇章[N].https://baijiahao.baidu.com/s?id=1726740359878989320&wfr=spider&for=pc.
③ 严贝妮,刘琳佳.十年成长树立典范——长三角公共文化服务体系示范项目建设回顾[J].图书馆论坛,2021:1-10.

城市群因城市层级和规模的不同,公共文化服务内容与能力因城而异,但是长三角居民的文化权力是平等的,公共文化服务的一体化是长三角高质量一体化不可回避任务。公共文化服务的一体化并不是追求不同城市在公共文化服务内容、规模上的一致性,而是指公共文化服务质量标准的统一和公共文化服务内容的共享。公共文化服务质量标准的统一,有利于缩小长三角城市间文化发展的不平衡,改善公共文化服务洼地城市的文化竞争力。文化公共服务内容的共享则让区域居民对文化内容有了更多样的选择,有利于长三角文化资源、人才的沟通交流,让城市群的公共文化服务形成合力,提高长三角公共文化服务的效率和效果。公共文化服务改善是长三角城市文化竞争力提升的具体表现。

三、长三角城市文化竞争力研究的重要意义

从城市的层面来看,文化竞争力已经成为城市可持续发展的动力之源;从区域层面来看,长三角城市文化竞争力关系到长三角的高质量一体化发展水平,影响国家战略的实施效果;从全国的层面来看,长三角高质量一体化发展有重要的示范作用,长三角城市文化竞争力提升的过程和结果,对于其他城市群有借鉴和启发意义;从全球的层面来看,长三角作为改革开放的新高地,是引领中国参与世界城市群竞争的战略区域,而世界级城市群升级的重点是创新驱动、可持续增长、文化吸引和智慧治理[①],这些无不与城市文化竞争力相关。因此,长三角城市文化竞争力研究具有重要的现实意义。

在现有研究中,人们对文化竞争力的重要作用已形成共识,但对于文化竞争力内涵及评价体系,学者们根据研究对象及目的的不同有各自的

---

① 花建.长三角文化产业高质量一体化发展:战略使命、优势资源、实施重点[J].上海财经大学学报,2020,22(04):32-48.

理解和构建。对于长三角城市的文化竞争力研究，多集中在文化产业竞争力①②和文化旅游竞争力③④方面。在追求高质量一体化发展阶段，文化竞争力成为高质量一体化发展的重要抓手，长三角城市文化竞争力的内涵便不能局限于文化产业或文化旅游，文化竞争力与城市的经济、教育、文化艺术、民生等各方面都紧密相关，在城市发展的各领域也都有相应的体现。长三角城市文化竞争的研究一方面要呈现长三角区域主要城市文化竞争力的静态现状，发现不同类型、不同层级城市文化竞争力的异同，以便各城市了解自身文化竞争力的短板和提升方向，同时明确城市自身在长三角区域内的定位，为实现更高质量的一体化发展提供数据和理论支持；另一方面，长三角城市文化竞争力研究也应关注区域内城市文化竞争力的动态变化，采用统一的文化竞争力评价体系，历年追踪评价长三角主要城市的文化竞争力变化情况，这有利于掌握长三角城市文化竞争力提升的动态情况，了解文化竞争力提升政策及措施的效果，对长三角城市文化竞争力的动态发展做出及时反应，动态研究对于长三角高质量一体化发展同样意义重大。本书力图通过历年《长三角城市文化竞争力报告》的发布，呈现长三角城市文化竞争力的静态与动态情况，助力长三角高质量一体化发展。

参考文献

[1] 亚里士多德.亚里士多德选集·政治学卷[M].中国人民大学出版社,1999.

[2] 联合国大会人类居住区会议第 18 次全体会议.伊斯坦布尔人类居住区宣言

---

① 王波,吴子玉.城市文化产业竞争力综合评价方法研究——基于范数灰关联度确定权重的江苏样本分析[J].经济问题.2016(04)：79-83.
② 郑奇洋,年福华,张海萍.基于 VRIO 修正模型的长三角文化产业竞争力评价[J].地域研究与开发.2021,40(01)：44-49.
③ 侯兵,周晓倩,卢晓旭,陶然,张爱平.城市文化旅游竞争力评价体系的构建与实证分析——以长三角地区城市群为例[J].世界地理研究.2016,25(06)：166-176.
④ 程乾,方琳.生态位视角下长三角文化旅游创意产业竞争力评价模型构建及实证[J].经济地理.2015,35(07)：183-189.

[EB/OL].https：//www.un.org/zh/documents/treaty/files/A－CONF－165－14.shtml，2022－5－31.

［3］习近平.决胜全面建成小康社会 夺取新时代中国特色社会主义伟大胜利——在中国共产党第十九次全国代表大会上的报告[EB/OL].http：//www.gov.cn/zhuanti/2017－10/27/content_5234876.htm，2022－5－31.

［4］长江三角洲区域一体化发展规划纲要[EB/OL].https：//baijiahao.baidu.com/s?id=1651712653161787864&wfr=spider&for=pc,f2022－5－31.

［5］中华人民共和国国民经济和社会发展第十四个五年规划和 2035 年远景目标纲要［EB/OL]. https：//www.12371.cn/2021/03/13/ARTI1615598751923816.shtml，2022－5－31.

第二章　指标体系与评价方法

第一节　指标体系

　　立足长三角地区沪苏浙皖三省一市城市文化发展的实际,课题组认为通过城市文化竞争力的角度,可以比较准确地把握与客观地反映长三角地区沪苏浙皖三省一市文化发展的实际进程与发展水平。结合城市文化竞争力的内涵与特征,通过相关研究文献梳理与影响因素识别,本研究认为城市文化竞争力是由主客观多种因素综合作用形成的一个动态发展过程。为进一步测度长三角地区沪苏浙皖三省一市城市文化竞争力的发展水平,本文将城市文化竞争力指标归纳为以下五个方面,文化支持力、文化吸引力、文化接待力、文化利用力和文化消费力,共涵盖 36 个具体指标。见表 2-1。

表 2-1　城市文化竞争力指数指标体系

一级指标	二级指标	三级指标	单位	变量	属性
文化支持力	经济发展水平	人均地区生产总值	元	X1	正向
		城市化率	%	X2	正向
		第三产业占地区生产总值比重	%	X3	正向
	教育发展水平	高等院校数量	个	X4	正向
		高校学生数量	万人	X5	正向

续 表

一级指标	二级指标	三 级 指 标	单位	变量	属性
文化支持力	住房与交通	人均住房面积	平方米	X6	正向
		城市公共交通客运量	万人次	X7	正向
	家庭休闲设备	城镇居民每百户电脑拥有量	台	X8	正向
		城镇居民每百户彩电拥有量	台	X9	正向
文化吸引力	文化设施	图书馆数	个	X10	正向
		博物馆数	个	X11	正向
		国家重点文物保护单位数	个	X12	正向
		文化市场经营机构总数	个	X13	正向
	娱乐设施	影/剧院数	个	X14	正向
		体育馆数	个	X15	正向
		咖啡馆数	个	X16	正向
		酒吧数	个	X17	正向
	公园和景区	城市公园数	个	X18	正向
		国家4A级及以上景区数	个	X19	正向
		主题公园数	个	X20	正向
文化接待力	接待人次	每百人藏书量	册	X21	正向
		博物馆参观总人次	万人次	X22	正向
		艺术表演团体国内演出观众人次	万人次	X23	正向
	旅游人次	国内游客人次	万人次	X24	正向
		入境游客人次	万人次	X25	正向
		艺术表演团体演出场次	次	X26	正向
文化利用力	产业规模	文化产业增加值	亿元	X27	正向
		文化产业占地区生产总值比重	%	X28	正向

续　表

一级指标	二级指标	三　级　指　标	单位	变量	属性
文化利用力	产业收入	电影票房总收入	万元	X29	正向
		旅游总收入	亿元	X30	正向
文化消费力	消费结构	恩格尔系数	%	X31	负向
		居民文化消费占总支出比重	%	X32	正向
	消费能力	人均可支配收入	元	X33	正向
		居民人均文化娱乐消费	元	X34	正向
	消费支出	人均交通通信费用	元	X35	正向
		人均电影消费	元	X36	正向

第一类,文化支持力。主要反映城市居民进行休闲文化消费的宏观环境,包括人均地区生产总值、城市化率、第三产业占地区生产总值比重、高等院校数量、高校学生数量、人均住房面积、城市公共交通客运量、城镇居民每百户电脑拥有量、城镇居民每百户彩电拥有量,是城市文化竞争力发展的先决条件。

第二类,文化吸引力。主要反映城市为满足本地居民和外来游客需求而提供的休闲文化和旅游设施,包括图书馆数、博物馆数、国家重点文物保护单位数、文化市场经营机构总数、影/剧院数、体育馆数、咖啡馆数、酒吧数、城市公园数、国家4A级及以上景区数、主题公园数,是城市文化竞争力发展的内在驱动。

第三类,文化接待力。主要反映城市接待本地居民和外来游客的规模水平,包括每百人藏书量、博物馆参观总人次、艺术表演团体国内演出观众人次、国内游客人次、入境游客人次、艺术表演团体演出场次,是城市文化竞争力发展的重要表征。

第四类,文化利用力。主要反映当前城市文化产业发展规模,包括文化产业增加值、文化产业占地区生产总值比重、电影票房总收入、旅游总收入,是城市文化竞争力发展的关键动力。

第五类,文化消费力。主要反映城市居民生活质量和文化消费结构,包括恩格尔系数、居民文化消费占总支出比重、人均可支配收入、居民人均文化娱乐消费、人均交通通信费用、人均电影消费,这是城市居民文化生活品质的体现,是城市文化竞争力发展的核心内容。

第二节　研究对象与评价方法

一、研究对象和数据来源

(一)研究对象

本报告的研究对象包括长三角地区 1 个直辖市(上海)、3 个省会城市(南京、杭州、合肥)和 37 个地级市,共计 41 个城市。见表 2 - 2。

表 2 - 2　长三角地区地级及以上城市分布

省　份	地级及以上城市	数量
上海市	上海	1
江苏省	南京、无锡、徐州、常州、苏州、南通、连云港、淮安、盐城、扬州、镇江、泰州、宿迁	13
浙江省	杭州、宁波、温州、嘉兴、湖州、绍兴、金华、衢州、舟山、台州、丽水	11
安徽省	合肥、淮北、亳州、宿州、阜阳、蚌埠、淮南、滁州、六安、芜湖、马鞍山、铜陵、安庆、池州、宣城、黄山	16

选择这 41 个城市的原因在于,一是 2019 年 12 月由中共中央、国务院

印发的《长江三角洲区域一体化发展规划纲要》中,明确了区域内包括安徽、江苏、浙江、上海全部城市。长江三角洲地区是中国经济发展最活跃、开放程度最高、创新能力最强的区域之一,在国家现代化建设大局和全方位开放格局中具有举足轻重的战略地位。推动长三角一体化发展,增强长三角地区创新能力和竞争能力,提高经济集聚度、区域连接性和政策协同效率,对引领全国高质量发展、建设现代化经济体系意义重大。二是考虑到数据的可获得性和全面性。三是考虑数据的连续和纵向比较性。

（二）数据来源

为了确保研究结果的客观性、权威性,本报告的研究数据均来自《中国统计年鉴》《中国城市统计年鉴》《中国第三产业统计年鉴》《中国文化与文物统计年鉴》《上海统计年鉴》《江苏统计年鉴》《浙江统计年鉴》《安徽统计年鉴》《江苏文化统计年鉴》《安徽文化统计年鉴》等江浙皖地区各地级市对应的统计年鉴,以及各省（自治区、直辖市）国民经济和社会发展统计公报等国家和省（自治区、直辖市）级有关管理部门公开出版或发布的统计数据。部分缺失数据以相邻年份值替代。

二、评价方法

（一）数据处理

本报告的所有指标口径概念均与国家统计局制定的城市基本情况统计制度保持一致,以保证评价结果的客观公正性。按照评价指导思想与评价原则要求,所有指标分为两类:一是正向指标,即指标数据越大,评价结果越好;二是负向指标,即这类指标的数值与评价结果成反向影响关系,指标数值越大,评价结果就越差。本报告中"恩格尔系数"属于此类。本研究对负向指标进行一致化处理,转换成正向指标,具体采用如下公式。

$$X' = \frac{1}{x}(x > 1)$$

并对所有负向指标的 X 数据进行变化,统一为正向指标。

（二）指标赋权方法

在以往相关研究文献中,计算权重通常采用主观判断法和客观分析法,前者通过对专家评分结果进行数学分析实现定性到定量的转化,后者则通过提取统计数据本身的客观信息来确定权重。主观判断法对先验理论有很强的依赖性,受调查者往往以某种先验理论或对某种行为的既定认识来确定指标权重,所以使用主观判断法会造成指标选取和权重确定上的主观性和随意性,从而降低综合评价分析的科学性。客观分析法是通过对评价指标数据本身的客观信息进行提取分析,从而确定权重大小,其特点是客观性强,但忽略了专家经验在确定权重中应用的重要性,赋权结果有时说服力不强。

本指标体系中指标数量较多,数据信息量较大,为避免数据处理的失真,本报告主要按照客观分析法,依靠可得性客观数据,并运用基于客观数据分析的"差异驱动"原理,对长三角 41 个城市的文化相关变量进行赋权,目的在于消除人为因素的影响,提高评价的科学性,将指标变量数列的变异系数记为

$$V_j = S_j / \bar{X}_j$$

其中

$$\overline{X}_j = \frac{1}{41}\sum_{i=1}^{41} X_{ij}$$

$$S_j = \sqrt{\frac{1}{41}\sum_{i=1}^{41}(X_{ij} - \overline{X}_j)^2}\ (i = 1, 2, 3, \cdots, 41;\ j = 1, 2, 3, \cdots, 36)$$

由此,变量的权重为

$$\lambda_j = V_j / \sum_{j=1}^{36} V_j \tag{1}$$

（三）评价模型

变量集聚是简化文化竞争力评价指标体系(Culture Competitiveness Index,简称CCI)的有效手段,即指数大小不仅取决于独立变量的作用,也取决于各变量之间形成的集聚效应。非线性机制整体效应的存在,客观上要求文化支持力(CS)、文化吸引力(CA)、文化接待力(CR)、文化利用力(CU)和文化消费力(CC)全面协调发展,产生协同作用。

本评价指标根据柯布道格拉斯函数式构建如下评价模型。

$$CCI = CS_j^a + CA_j^b + CR_j^c + CU_j^d + CC_j^e \tag{2}$$

在式(2)中,a、b、c、d、e分别表示文化支持力、文化吸引力、文化接待力、文化利用力和文化消费力的偏弹性系数。

从式(2)中可以看出,该函数体现的是城市文化竞争力各变量指标之间的非线性集聚机制,强调了文化竞争力各指标协调发展的重要性。

在指标数据处理上,由于评价指标含义不同,各指标量纲处理差异比较大,所以不能直接使用各指标数值进行评价。为了使数据具有可比性,采用最大元素基准法对指标数据进行无量纲处理,将实际能力指标值转化为相对指标,即

$$Y_{ij} = X_{ij} / max_{1 \leqslant i \leqslant 41}^{1 \leqslant j \leqslant 36} [X_{ij}]$$

经过处理后的城市文化竞争力评价模型为

$$CCI = \sum_{j=1}^{9} Y_{ij}^a + \sum_{j=10}^{20} Y_{ij}^b + \sum_{j=21}^{26} Y_{ij}^c + \sum_{j=27}^{30} Y_{ij}^d + \sum_{j=31}^{36} Y_{ij}^e \tag{3}$$

总体而言,文化竞争力评价指标的非线性组合评价法具有以下特点:

一是强调了文化竞争力评价指标变量间的相关性及交互作用；二是着眼于系统性观点，突出了评价变量中较弱变量的约束作用，充分体现了文化竞争力水平的"短板效应"，即文化竞争力水平就像 36 块长短不同的木板组成的木桶，木桶的盛水量取决于长度最短的那块木板；第三，因采用了指数形式，导致变量权重的作用不如线性评价法明显，但对于变量的变动却比线性评价法更为敏感。

第三章　城市文化竞争力
评价结果分析

第一节　综合评价

一、城市文化竞争力排名与特征

根据对文化支持力、文化吸引力、文化接待力、文化利用力和文化消费力五个方面,共计36个指标相关数据的统计与分析,得出长三角地区41个城市2021年文化竞争力指数的综合结果。其中,上海、杭州、南京、苏州和宁波位列前5位,表明这5座城市文化竞争力综合发展水平在长三角地区名列前茅。除上海外,江苏与浙江各占据两个名额。这一排名也与上述城市在长三角地区的社会经济发展排名相符合,体现了经济与文化互动发展的和谐特征。而合肥作为安徽省的省会城市则排名第6位。需要引起注意的是,排名后5位的城市依次是六安、淮南、亳州、铜陵和淮北,全部来自安徽省,从社会经济发展水平来讲,相对滞后于江浙两省,这一发展现状值得深思。见图3-1。

二、城市文化竞争力特征

从文化竞争力的综合评价可以看出,2021年长三角城市文化竞

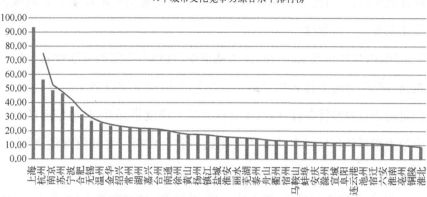

图 3-1　长三角 41 个城市文化竞争力综合水平

争力水平呈现如下特征。

第一，从整体发展水平看，上海、杭州、南京、苏州和宁波排名前 5 位，表明其文化竞争力水平位居长三角地区前列，这与上述城市在该地区的社会经济发展排名基本吻合，体现了经济与文化互动发展的和谐格局。合肥、金华、温州、无锡和台州在文化竞争力指数评价排名中均位居前十，表明这些城市文化发展的和谐性、均衡性比较显著，因此能够成为长三角地区文化发展的领先城市。而亳州、铜陵和淮北则位列综合排名的后 3 位，反映了这 3 个城市在文化竞争力发展的整体性方面还存在诸多不足。

第二，从单个城市之间的比较看，长三角地区城市之间的文化竞争力水平发展差距非常显著，排名第一的上海文化竞争力发展指数远超其他城市。例如，排名第一的上海与位列末位的铜陵，从文化竞争力指数测度值来看，两者的差距将近 5.5 倍。由此可见，要完全实现长三角地区城市之间文化竞争力指数的协调发展目标依然任重道远。

第三，从省域格局看，浙江省整体文化竞争力水平较高，安徽省文化竞争力水平发展相对滞后，安徽省内大部分城市的文化竞争力排名水平均比较靠后,同时这一现象也表明经济水平发展在一定程度上影响城市文化竞争力发展程度。

第四,从城市级别看,在41个城市中,直辖市上海和苏浙皖省会城市杭州、南京、合肥的排名较为靠前。尽管苏州和宁波虽然不是省会城市,但是由于自身经济条件好,除了文化支持力维度指标外,其他维度的文化竞争力指标的各项排名均高于合肥这一省会城市。尤其值得注意的是,苏州的5个方面的指标排名均居于前5位。

第五,从城市规模看,排在第一位、第二位、第三位的上海、杭州、南京均为超大型城市,而排名后三位的亳州、铜陵和淮北均为普通大城市。这表明,城市规模与文化竞争力发展水平相关,也是影响城市文化竞争力指数高低的重要因素。

第二节　分类评价

一、分类指标权重

从文化竞争力指数评价的五个一级指标的权重看,文化吸引力指数权重最高(36.40%),其后依次是文化接待力(24.87%)、文化支持力(17.74%)、文化利用力(14.27%),文化消费力的权重最低(6.72%)。显然,在城市文化发展过程中,城市的文化吸引力指数对城市文化竞争力的影响力最大,也反映出文化娱乐设施和公园景区建设对城市文化的发展发挥出重要的促进作用。与此同时,文化消费力的指标权重较低,但体现了城市居民文化生活的品质。文化消费力这一指标与当前国家发改委正在推进的消费促进相呼应,反映出这一措施非常及时,能够有效提升居民的消费意识与文化生活品质。见图3-2。

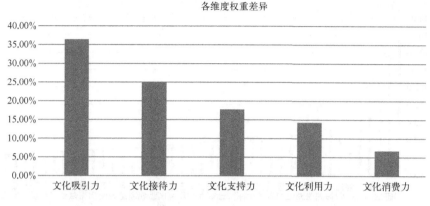

各维度权重差异

图 3-2　长三角 41 个城市文化竞争力五大指标权重

二、分类指标分析

（一）文化支持力

文化支持力是促进文化竞争力发展的先决条件。从文化支持力分类指数看，上海、南京、合肥、杭州和苏州排名前 5 位，表明上述城市在经济、教育、住房等方面优势明显，为文化竞争力发展奠定了扎实的基础。而淮北、池州、宣城、亳州和宿州则位列后 5 位，表明经济、教育等方面的发展相对薄弱，一定程度上制约了上述城市文化竞争力水平的发展，同时也反映出安徽省的文化发展水平整体偏低。见图 3-3。

（二）文化吸引力

城市的文化、娱乐、旅游等设施是重要的文化消费场所，文化吸引力是城市文化发展的内在驱动。在文化吸引力分类指数排名中，上海、杭州、南京、苏州和宁波排在前 5 位，表明这 5 个城市的休闲娱乐和文旅融合发展结构相对成熟，文化产业发展的整体性优势比较明显。需要指出的是，排名第 1 位的上海的指数值与第 2 位的杭州差距明显，折射出该类指数区域整体发展的失衡性。而马鞍山、淮北、池州、舟山和铜陵位居后 5

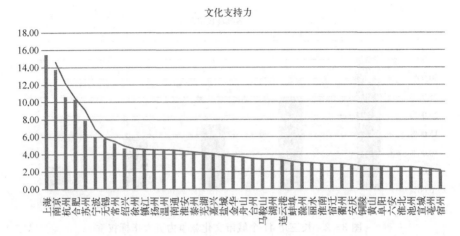

图 3-3　长三角 41 个城市文化支持力水平排名

位,排名后 5 位的城市有 4 个属于安徽省,虽然安徽本身文化资源丰富,拥有徽州文化、淮河文化、皖江文化、庐州文化等,但由于经济发展状况较差,导致文化娱乐设施建设处于薄弱环节,影响了城市的文化吸引力指标排名。见图 3-4。

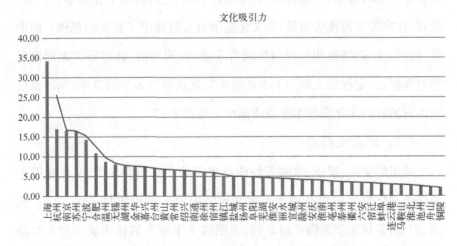

图 3-4　长三角 41 个城市文化吸引力水平排名

(三) 文化接待力

文化接待力水平是城市文化竞争力发展成效的重要表征。从文化接待力分类指数排名看,上海、杭州、苏州、宁波和南京排名前5位。其中需要指出的是,排名第1位的上海远高于排名第2位的杭州,反映出上海这一国际城市的优势地位。而铜陵、滁州、阜阳、淮北和淮南处于排名的后5位,一定程度上反映出这5座城市的接待能力总体不尽如人意,是城市整体文化竞争力发展的短板。见图3-5。

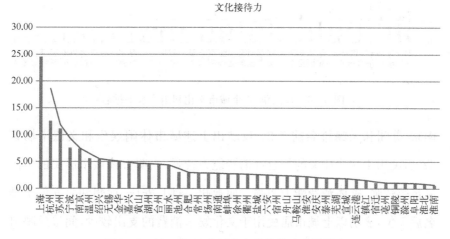

图3-5　长三角41个城市文化接待力水平排名

(四) 文化利用力

文化产业规模、产业增加值是城市文化发展的关键支撑。从文化利用力分类指数排名看,上海、杭州、苏州、南京和宁波排名在前5位,上述城市由于本身具有的文化产业发展优势,文化产业规模得以良性发展。而宿州、淮南、马鞍山、铜陵和淮北位居后5位,上述城市文化利用力评价指数相对较弱,与当地经济本身发展薄弱有密切关系。见图3-6。

(五) 文化消费力

城市居民的消费支出结构、恩格尔系数、人均消费性支出等是反映文化竞争力水平的关键指标。从文化消费力分类指数排名看,上海、杭州、

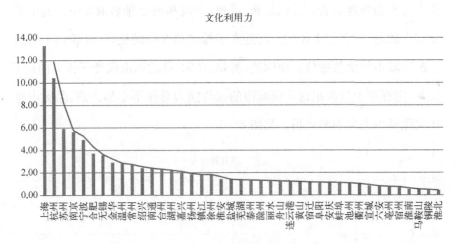

图 3-6　长三角 41 个城市文化利用力水平排名

南京、苏州和无锡排名前 5 位,反映出上述城市休闲娱乐和文旅市场繁荣,居民用于文化相关的综合性消费能力较强,表明上述城市居民的生活满足感较强,整体消费能力较强。而池州、阜阳、安庆、宿州和六安位于排名后 5 位,表明以上城市居民用于文化娱乐消费的支出较少,间接反映出安徽省整体的消费能力较落后,是文化竞争力发展过程中一个突出瓶颈因素。见图 3-7。

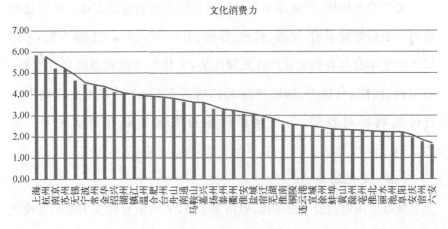

图 3-7　长三角 41 个城市文化消费力水平排名

三、研究结论

综合以上研究,可以得出如下结论。

第一,各展风采。上海优势显著,杭州、南京、苏州和宁波紧随其后。对长三角41个城市文化竞争力水平测度结果表明,上述五大城市文化竞争力水平居长三角地区前列,这是经济、人口、地理、历史等条件综合作用的结果。当城市经济和产业发展达到一定的水平后,城市发展的形态开始从生产向生活转变,当前以上海为首的大城市正在朝着这个方向改变。城市的文化娱乐服务设施规模不断扩大,居民对美好生活的向往和追求意愿更加强烈,最终表现为居民文化生活休闲化趋势越来越显著。按照大城市的发展趋势,本研究认为,随着社会经济的发展,未来的城市将会有更加多样化的文化娱乐设施、更加人性化的文化氛围、更加场景化的文化格调,随着城市文化元素的丰富城市文化底蕴也会越来深厚。

第二,省际差异。相较于上海、浙江、江苏等东部沿海城市整体上安徽省各个城市整体发展比较落后。位于东部沿海的上海、浙江和江苏的大部分城市由于优越的地理优势,城市文化发展较为先进。安徽省的城市发展速度较慢,主要原因在于:一方面,安徽大部分城市产业转型速度较慢,第三产业比重远低于第一和第二产业占生产总值的比重,使得其第三产业发展迟缓且不均衡;另一方面,安徽省内文化娱乐服务设施建设和文化环境营造相对滞后,无法从供给侧角度出发满足居民的文化消费需求,使得城市文化娱乐服务供给难以产生规模效应。

第三,省内差异。各省内部城市的文化竞争力差异分化仍较为严重。除上海市外,浙江省、江苏省和安徽省的省会城市的文化发展较为先进,文化竞争力的各个指标排名均较靠前,相较于省内其他地方的城市发展,文化竞争力各指标优势显著。在各省内地方城市的发展中,一般经济

31

较为发达的城市、拥有较多的第一、二、三产业的城市,其文化竞争力的各指标发展相对较好一点,且相较于去年有很大的进步,如浙江省的金华市。但其余经济发展较为落后的地方城市的文化竞争力各指标发展则较为不理想。同为一个省的城市,各城市的文化竞争力排名多者可以相差几十名,如浙江的宁波和舟山、江苏的无锡和盐城及安徽的黄山和淮北。

第四,城内差异。各城市内部仍然存在一定程度的"结构的不均衡性"。从每座城市的 5 个一级指标和 36 个分指标水平看,各城市内部的指标水平差距明显。首先,对于人口规模较大的城市而言,城市内部的人均类指标水平普遍较低,人口规模较小城市内部的人均类指标水平较高,规模类指标则相反。其次,每座城市内部的优劣性指标都不同,比如上海,尽管文化竞争力水平综合排名第一,但其内部的人均住房面积排名为 41 个城市的倒数第 6 位,而金华市的人均住房面积排在第一位,但其总的文化竞争力水平却排在第 9 位;再比如南京的入境游客人数排名仅在第 7 位,虽为江苏省的省会城市,其对外文化吸引力却不是很强。可见,城市内部的不均衡性现象仍然比较突出,这会影响文化竞争力水平的整体提升。文化竞争力是一个综合性、系统性的发展过程,指标内部的协调性会促使城市文化竞争力发展处于良性状态。因此,促进城市内部的经济、交通、服务、设施、消费等指标的和谐发展,是促进城市从生产形态走向生活形态的必要手段,也是打造城市文化品牌的重要保证。

第五,增速提质、服务生活。文化竞争力从规模增长转向质量增长。城市文化的发展最终要服务于居民的生活,因此建立在居民需求基础上的城市发展更能影响城市的文化吸引力。如今,一些城市建设刻意追求现代化的文化设施,规模性的指标是上去了,但这样的城市发展理念却忽视了人的生活便利性、生活兴趣点。城市的文化建设也是如此,我们更应该关注城市的文化建设是否满足了本地居民的需求。居民进入城市生活,在获得工作机会的同时,也更希望自己、子女等能够享受到文化学习与体验的机会。但事实上,生活在城市中的很多群体可能只能看到城市中有很多文化设施,却无法享用它们,主要则是这些文化设施的"高大上"让其中看不中用,使市民使用起来很不便利,久而久之,一件为民而生的文化设施就成了触不可及的摆设。因此,规划布局城市的文化娱乐设施,让普通老百姓都能够享受、获取,才是文化竞争力发展的真正要义。

第六,创新城市、满足需求。文化是城市的灵魂,文化竞争力的提升将成为体现城市吸引力的关键。通过研究,课题组认为,文化竞争力发展的根本目的在于提升城市文化生活品质、满足居民的美好生活需求。通过文化建设推动宜居城市建设,服务市民高品质生活,已成为各城市的共同追求。可以预见,随着长三角一体化国家战略的实施,长三角地区的文化竞争力水平将会在高质量发展、均衡发展方面增速提质,将会更好地服务于城市高品质生活。从发展实践看,城市文化娱乐功能的全面优化与完善,将成为新型城镇化进程中各城市重点推进的民生任务。目前多个城市已开展了文化空间的更新与改造、社区文化的营造等提升居民美好生活的举措。未来长三角地区文化发展路径将会从"商旅文融合"模式转向"商娱文体居一体化"模式,这是提升城市文化竞争力的关键举措。

第三节 分项评价

一、文化支持力

文化支持力指标主要反映城市居民进行休闲文化消费的宏观环境,包括人均地区生产总值、城市化率、第三产业占地区生产总值比重、高等院校数量、高校学生数量、人均住房面积、城市公共交通客运量、城镇居民每百户电脑拥有量、城镇居民每百户彩电拥有量。这是城市文化竞争力发展的先决条件。

（一）经济发展水平

第一，人均地区生产总值。人均地区生产总值是观察城市发展重要的经济指标之一，也是衡量居民生活水平的一个重要标准，还可用作测度居民文化消费能力的一个客观指标。根据长三角41座城市人均地区生产总值的实际状况进行排序，可以看清楚该地区城市人均地区生产总值分布的一个基本格局，无锡、苏州、南京、上海、常州名列前5位。其中前3位的均为江苏省城市，江苏省省会城市南京位列第3位，上海位列第4位，浙江省省会城市杭州位列第6位，见图3-8。

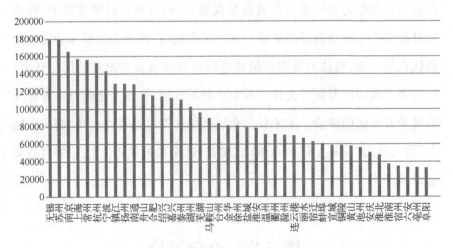

图3-8 长三角41个城市人均地区生产总值排名 单位：元

第二，城市化率。城市化水平在一定意义上反映了城市规模不断扩大的过程，涵盖了经济规模、人口规模和用地规模三个方面。自改革开放以来，我国城市化水平的发展已取得长足进步。根据2019年统计数据，长三角41座城市的城市化率的均值为64.55%，其中城市化率达到70%

以上的有上海、宁波、温州、杭州、合肥、南京、无锡、常州、苏州和镇江，共计 10 座城市。见图 3-9。

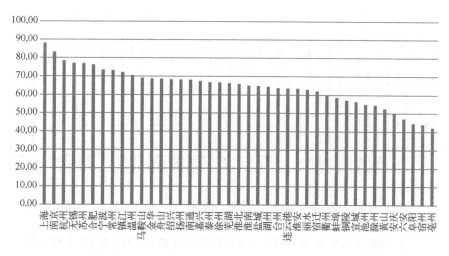

图 3-9　长三角 41 个城市的城市化率排名　单位：%

城市化率规模的不断扩张，说明人民生活在持续不断改善，农村地区人口向周边城市迁移，得到更好的发展。但是，农村及外来人口大量导入，城市常住人口数的不断递增，对城市文化设施的配置与传统文化的保护也是一个严峻的挑战。

第三，第三产业占地区生产总值比重。一般来说，如果一个城市的服务业产出占到地区生产总值总量达 50%，就意味着这个城市的产业结构开始以服务经济为主；如果比重达到 60%，就可以认为基本形成了以服务经济为主的产业结构。第三产业包含了旅游、娱乐、文化、艺术、教育和科学等以提供非物质性产品为主的部门。居民各种形式的文化活动几乎涉及所有的第三产业门类。第三产业的发展为居民文化活动的发展创造了条件，而居民文化活动的深入也促进了第三产业的优化发展。根据统计材料，各城市第三产业占地区生产总值的比重分布如下，其中上海、杭州、南京、合肥和黄山位居前 5 名。见图 3-10。

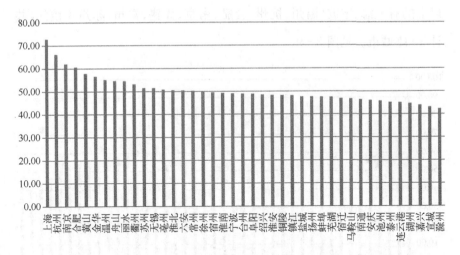

图 3-10　三角 41 个城市第三产业占地区生产总值比重排名　单位：%

　　根据统计结果显示,2019 年 41 个被统计城市中已有 17 个城市第三产业占地区生产总值比重超过 50%,约占总数的 41.5%。其余城市比重皆在 40% 以上。总体上看,近年来以服务经济为主的第三产业发展迅速,在各城市发展战略中均占据重要地位,也为各城市文化产业的发展奠定了扎实的基础。

　　(二) 教育发展水平

　　第一,高等院校数量。衡量一所城市的综合实力,不仅要看经济总量、基础建设等硬性指标,还要看教育水平、人才数量等软性的指标。大学作为衡量一座城市教育的最重要因素,对城市文化水平的提高具有重要的作用。根据统计资料,各地区高等院校数量中,上海、南京、合肥、杭州和苏州排名前 5 位,而衢州、丽水、亳州、黄山和宣城则排名后 5 位。可以看出,排名前 5 中第 1 名的为直辖市上海,其次为三省的省会或主要城市,而后 5 名均为省级普通城市,表明省会和省主要城市的教育资源水平优势明显,高校数量远远高于其他城市。见图 3-11。

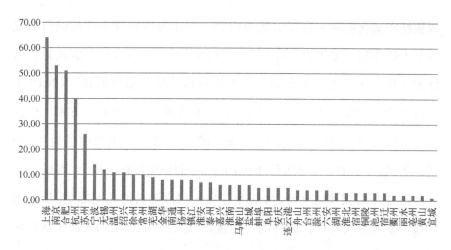

图 3-11　长三角 41 个城市高等院校数量排名　单位：个

　　第二,高校学生数量。一个城市的大学生的数量在一定程度上反映了城市的人才储备。根据统计数据可以看出,高校学生数量排名与高等院校数量排名结果相似。排名前 5 位的为南京、合肥、上海、杭州和苏州这 5 个城市。见图 3-12。

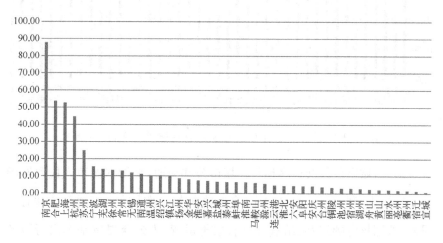

图 3-12　长三角 41 个城市高校学生数量排名　单位：万人

　　（三）住房与交通

　　第一,人均住房面积。人均住房面积的多少是构成居民家庭生活幸福程度和文化生活满意度的重要内容。居住条件的改善既是城市居民对基本的住宿环境得以保障,获得心理安全性的反应,也是居民对日常休闲文化生活满意度追求的物质支撑载体。据公布数据显示,2019年全国人均住房面积40.8平方米,城镇人均住房面积39.8平方米。根据数据分析可知,当前长三角41个城市的人均居住面积的均值为44.83平方米,整体来看,人均居住条件高于全国均值水平。其中,需要引起关注的是合肥、上海、杭州、南京等省会大城市排名均相对靠后,反映出当前大型城市人均居住条件的不完善,一定程度上会制约人民生活品质的提升。见图3-13。

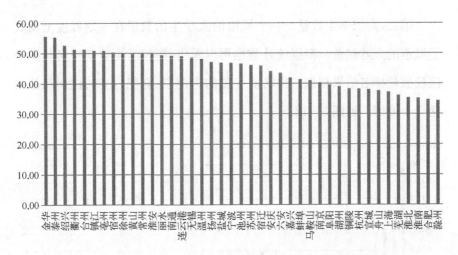

图3-13 长三角41个城市人均住房面积排名 单位:平方米

第二,城市公共交通客运量。城市公共交通,是指在城市人民政府确定的区域内,利用公共汽(电)车(含有轨电车)、城市轨道交通系统和有关设施,按照核定的线路、站点、时间、票价运营,为公众提供基本出行服务的活动。一个城市公共汽车、电车网络布局的完整性与运载量的有效性,不仅是城市内部交通发达与成熟的典型体现,更是城市居民外出从事文化活动方式在频度上递增、空间上延伸以及在时间上节约的综合展现。

轨道交通是城市内部一种重要的交通形式,一般包括地铁、轻轨、磁悬浮、单轨和有轨电车等。城市轨道交通系统具有大容量的运输能力、高速性及准时性等特点。根据对现有的城市公共交通数据的统计,乘客接待情况见图 3 - 14。

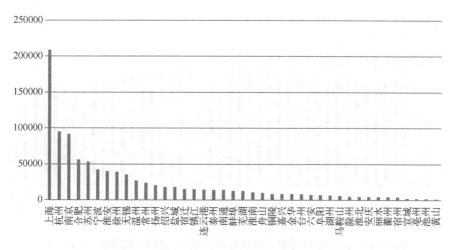

图 3 - 14　长三角 41 个城市公共交通客运量排名　单位: 万人次

从中可以看出,位于前 5 位的城市有上海、杭州、南京、合肥和苏州。其中上海的客运量远高于其他城市,杭州和南京次之,从一个侧面反映出大型城市公共交通所承受的巨大压力。虽然由于城市规模的不同,各个城市承担的客运数量存在很大的差距。但可以肯定的是,随着更多的城市推进轨道交通建设,城市交通的便捷度会进一步完善。

(四)家庭休闲设备

第一,城镇居民每百户电脑拥有量。每百户家庭电脑拥有量是指每百户家庭的家用电脑拥有量,这与经济的发展、经济活跃程度、城镇居民人均可支配收入、城镇人口的数量和人民的受教育程度有着密切的关系。随着中国经济可持续发展水平的增长、人民群众收入水平以及受教育程度的不断提高,越来越多的家庭拥有私家电脑。从数据分析可以看出,41

个城市城镇居民每百户电脑拥有量排名最高的为上海,最低的为宿州,二者分值相差近百台。从图中可以看出,除排名最后的宿州外,其余城镇居民电脑拥有量分布较为平均。见图 3-15。

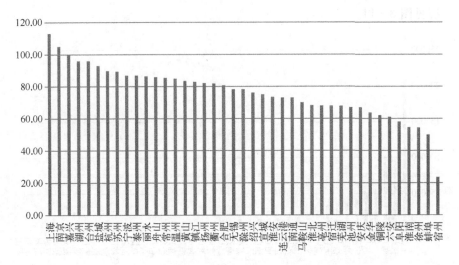

图 3-15　长三角 41 个城市城镇居民每百户电脑拥有量排名　单位：台

第二,城镇居民每百户彩电拥有量。20 世纪 70 年代,人们心中的"三大件"是手表、自行车和缝纫机,到了 20 世纪 80 年代,"三大件"又变成了冰箱、彩电和洗衣机。这些耐用消费品,构成了我们舒适生活的重要条件。从数据分析看,41 个城市城镇居民每百户彩电拥有量排名前 5 位的城市为湖州、泰州、嘉兴、苏州和绍兴。上海排名第 17 位,南京排名第 23 位,合肥排名 36 位。反映出大型城市对于彩电的需求没有小型城市那么高。这可能和大型城市文化娱乐活动较为丰富和多样化,对个性化文化设施需求较高有关。见图 3-16。

从数据分析可以看出,我国城市居民家庭彩电拥有量之间的差距很小,是涉及居民文化支持能力指标中差距最小的,充分表明,城市居民家庭的基本休闲方式几乎处于同一发展阶段。可以看到,我国城市有线电

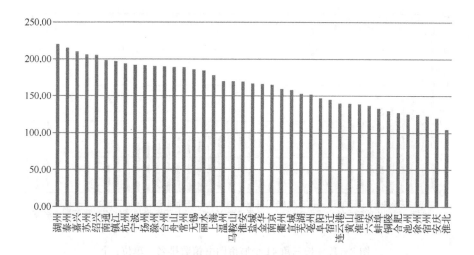

图 3 - 16　长三角 41 个城市城镇居民每百户彩电拥有量排名　单位：台

视和网络电视工程的建设与推广,以及居民家庭住宿条件的改善,都极大地缩小了地区之间的发展差距。

二、文化吸引力

文化吸引力主要反映城市为满足本地居民和外来游客需求而提供的休闲文化和旅游设施,包括图书馆数、博物馆数、国家重点文物保护单位数、文化市场经营机构总数、影/剧院数、体育馆数、咖啡馆数、酒吧数、城市公园数、国家4A 级及以上景区数、主题公园数。这是城市文化竞争力发展的内在驱动。

（一）文化设施

第一,图书馆数。图书馆是城市休闲文化产业服务体系的组成部分。图书馆有保存人类文化遗产、开发信息资源、参与社会教育等职能,也是供大众阅览图书文献的地方。在 41 个城市图书馆数的统计中,上海、杭州、南京、温州和宁波位居前 5 名,铜陵、舟山、淮北、亳州和池州位居后 5 名。需要指出的是,安徽的省会城市合肥在图书馆拥有量上排名较靠后,位列第 17 位,应引起有关部门重视。见图 3 - 17。

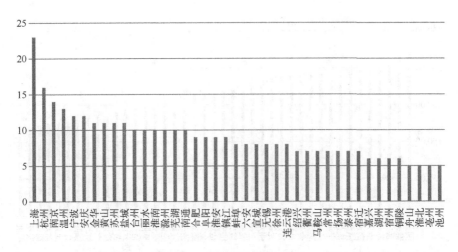

图 3-17　长三角 41 个城市图书馆数排名　单位:个

第二,博物馆数。博物馆是城市文化产业服务体系的组成部分。一般认为,博物馆是征集、典藏、陈列和研究代表自然和人类文化遗产的实物的场所,通常是一座城市的文化地标。博物馆是非营利性的文化服务机构,通常对社会公众免费开放,用以满足居民和游客的学习、教育和娱乐目的。各城市博物馆数量统计结果,上海、杭州、宁波、南京和无锡位列前 5 位,宿州、铜陵、池州、亳州和蚌埠位居后 5 位。见图 3-18。

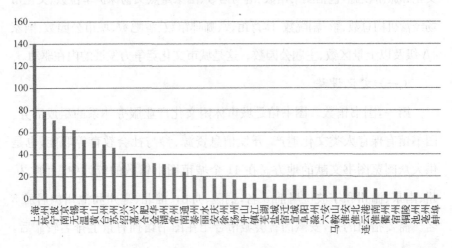

图 3-18　长三角 41 个城市博物院数排名　单位:个

从总体上看,长三角城市博物馆数量普遍较少,大部分城市的博物馆数量不足 20 个。上海以 140 个位居第一,杭州和宁波次之,分别有 79 个和 71 个。其他城市都在 70 个以下。比较来看,各城市之间博物馆的发展非常不均衡,亳州只有 4 个,蚌埠只有 3 个,仅占上海的 2.1%,差距悬殊。

第三,国家重点文物保护单位数。我国历史悠久,拥有丰富的文化遗产。文物作为文化遗产的重要组成部分,对于社会主义精神文明建设具有深远的意义。根据《中华人民共和国文物保护法》第十三条的规定,中国国务院所属的文物行政部门(国家文物局)在省级、市、县级文物保护单位中,选择具有重大历史、艺术、科学价值者确定为全国重点文物保护单位,或者直接确定为全国重点文物保护单位,并报国务院核定公布。因此,国家重点文物保护单位是具有重大历史、艺术、科学等价值的不可移动的文物,不仅是文化有形实体的体现,同时也传递了一座城市无形的历史文化,具有较高的价值内涵。一个城市国家重点文物保护单位的拥有量客观地反映了该地区的历史文化资源的丰度,也从侧面体现了该地区的精神文化建设水平,这是城市文化建设的重要基础。长三角 41 个城市国家重点文物保护单位统计数据表明,苏州、南京、黄山、杭州和上海位列前 5 位,无锡、铜陵、阜阳、盐城和宿迁位居后 5 位。见图 3-19。

图 3-19 数据显示,南京以 55 个的优势位居第一,与南京作为我国六朝古都的历史地位高度吻合。更为难得的是,历史上的南京并没有因为朝代的更替而发生大规模的破坏,使得南京比其他的历史古都保存了数量更多和价值更大的文物古迹。紧随其后的黄山和杭州也是在我国不同历史时期发挥重要影响的城市,有着非常深厚的历史文化积淀。

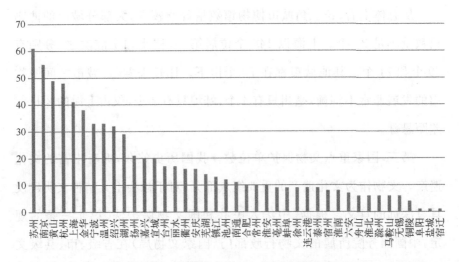

图 3-19　长三角 41 个城市国家重点文物保护单位数排名　单位：个

第四，文化市场经营机构总数。文化市场经营机构主要包括娱乐场所、互联网上网服务营业场所（网吧）、非公有制艺术表演团体、非公有制艺术表演场馆、经营性互联网文化单位、艺术品经营机构、演出经纪机构等。文化市场经营机构总数能够反映一座城市文化市场的繁荣活跃程度。从数据分析看，上海、南京、宁波、合肥和宿州名列前 5 位，芜湖、池州、蚌埠、铜陵和舟山位列后 5 位。数据显示，前 3 位城市的文化市场经营机构总数均在 2 000 个以上，后 5 位的城市均不足 100 个，表明这些城市文化市场发展程度较低，尤其是舟山仅有 46 个。见图 3-20。

（二）娱乐设施

第一，影/剧院数。剧场/影院是城市文化产业服务体系的组成部分，也是城市居民和外来游客从事文化娱乐活动的重要场所，还是多元文化沟通的载体与桥梁，并在一定程度上代表了一个城市文化娱乐设施发展的水平。通过梳理可以发现，上海、杭州、苏州、南京和无锡

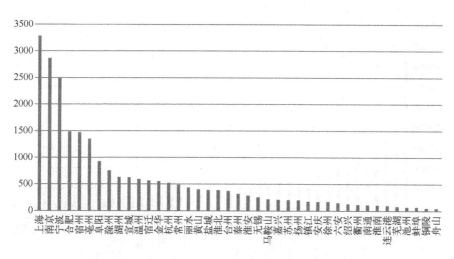

图 3-20　长三角 41 个城市文化市场经营机构总数排名　单位：个

居前 5 位,淮南、亳州、淮北、铜陵和池州位居后 5 位。

　　从统计数据看,上海以 383 个的数量遥遥领先,杭州以 194 个紧随其后,而苏州以 173 个位列第 3 位。整体城市中影/剧院数量超过 100 个的有 9 个,除去前三个外还有南京、无锡、南通、宁波、温州和合肥。其余 32 个城市剧场/影院数量都低于 100 个,其中有 2 个城市的剧场/影院数量少于 10 个。对这些城市而言,今后围绕剧场/影院的建设工作还是相当繁重的。见图 3-21。

　　第二,体育馆数。体育馆是室内进行体育比赛、体育锻炼或者举办演唱会的建筑。体育馆按使用性质可分为比赛馆和练习馆两类;按体育项目可分为篮球馆、冰球馆、田径馆等;按体育馆规模可分为大、中、小型,一般按观众席位多少划分,中国现把观众席超过 8 000 个的称为大型体育馆,少于 3 000 个的称为小型体育馆,介于两者之间的称为中型体育馆。有时,体育馆也作为演艺中心进行各种表演活动。从数据分析来看,上海、合肥、苏州、镇江和徐州位列前 5 位,金华、台州、舟山、淮北和衢州位列后 5 位。见图 3-22。

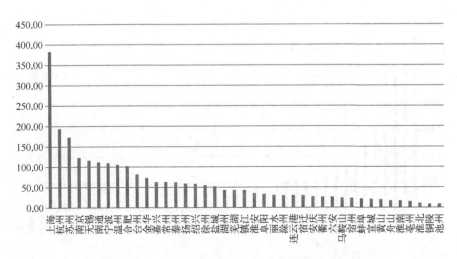

图 3-21 长三角 41 个城市影/剧院数排名 单位:个

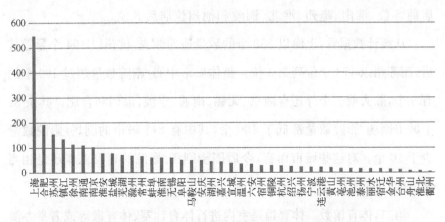

图 3-22 长三角 41 个城市长体育馆数排名一览图 单位:个

从统计数据看,上海以 547 个位居榜首,并且高出排名第 2 位的合肥 354 个,优势明显。而南京,尤其是杭州等省会城市排名较低,值得引起思考。41 个城市中体育馆数量低于 50 的城市有 23 个。由此可以看出,当前城市间体育馆建设规模差距明显。

第三,咖啡馆数。咖啡馆是现代人们用于聚会休闲、商务交流的场所,盛行于大中小各类城市。咖啡馆之所以有其独特的吸引人之处,是因为它贩卖的不仅仅是咖啡,更是一种品质、文化和思想。从数据分析看,排名前5位的城市依次为上海、苏州、杭州、南京和宁波,而位于后5位的是滁州、淮北、淮南、铜陵和池州。从中可以看出,上海以8 046个咖啡馆的优势位列第1位,是排名第2位的杭州咖啡馆数量的2.35倍。需要注意的是,安徽省省会城市合肥咖啡馆的数量仅有849个,排名第8位,并且排名后7位的城市均属于安徽省。见图3-23。

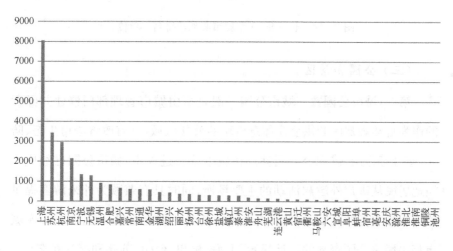

图3-23　长三角41个城市咖啡馆数排名　单位:个

第四,酒吧数。酒吧是指提供啤酒、葡萄酒、洋酒、鸡尾酒等酒精类饮料的消费场所。Bar多指娱乐休闲类的酒吧,提供现场的乐队或歌手、专业舞蹈团队等表演。随着“夜经济”的提出,酒吧日益成为居民的文化休闲场所。从数据分析看,排名前5位的城市为上海、杭州、苏州、南京和无锡,排名后5位的城市有亳州、淮北、滁州、铜陵和池州。安徽省的省会城市合肥排名第14位,酒吧数量仅为266个。41个城市中,酒吧数量低于100的城市有11个。表明除上海、杭州和苏州等较为发达的城市外,当前酒吧在很多地方还不是很普遍,居民的文化休闲活动与习惯存在差异。见图3-24。

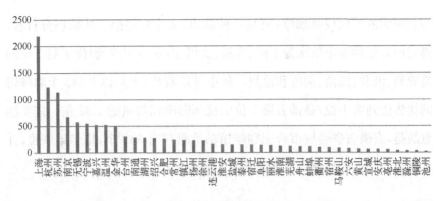

图 3-24　长三角 41 个城市酒吧数排名　单位：个

（三）公园和景区

第一，城市公园数。城市公园一般是指由城市管理部门修建并经营的作为自然观赏区和供公众休息游玩的公共区域，具有改善城市生态、防火、避难等作用，体现公共属性。在城市发展过程中，城市公园已经成为当地居民从事户外游憩活动的主要场所，同时具有兼顾为外来游客提供旅游观光服务的功能，是城市文化休闲资源的重要组成部分。对 41 座城市相关城市公园资料的统计显示，上海、杭州、台州、苏州和嘉兴排名前 5位，宣城、丽水、淮北、马鞍山和安庆排名后 5 位。见图 3-25。

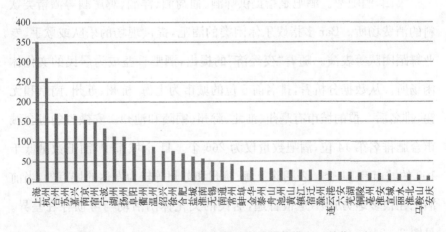

图 3-25　长三角 41 个城市的城市公园数排名　单位：个

从数据看,排名首位的上海城市公园数量高达 352 个,紧跟其后的杭州有 260 个,这两个城市具有雄厚的经济基础,在城市生态文明建设方面也一直走在前列,同时这些地区居民生活水平相对较高,居民日常文化休闲需求较为成熟,有助于推动城市公园的建设与发展。城市公园数量均在 100 以上的还有台州、苏州、嘉兴、南京、宿州、宁波、湖州和扬州。有 32 个城市的城市公园数在 100 以下。一般而言,绝大多数城市公园从资源属性上讲属于人造性资源,是由政府管理部门出资建造的公共性文化休闲活动场所。因此,从一定程度上,城市公园个数的多少与当地经济发展水平、城市发展目标和居民的文化休闲需求等息息相关。

第二,国家 4A 级及以上景区数。2003 年国家旅游局颁布的《旅游景区水平等级的划分与评定》规定,旅游景区是指具有参观游览、休闲度假、康乐健身等功能,具备相应旅游服务设施并提供相应旅游服务的独立管理区,该管理区应有统一的经营管理机构和明确的地域范围,包括风景区、文博院馆、寺庙观堂、旅游度假区、自然保护区、名胜古迹、主题公园、旅游度假村、森林公园、地质公园、湿地公园、游乐园、动物园、植物园及工业、农业、经贸、科教、军事、体育、文化艺术等各类旅游景区[①]。根据目前的相关规定,我国旅游景区采用 A 级划分标准,可分为五级,从高到低依次为 5A、4A、3A、2A 和 1A 级。在国家 4A 级及以上景区中,规定要求在旅游交通、游览条件与设施、旅游安全、邮电服务、旅游购物、经营管理、资源和环境保护、旅游资源吸引力、市场吸引力、接待能力以及游客满意度方面都具有较高的水准。对 41 座城市有关国家 4A 级及以上景区数统计数据整理得出,上海、苏州、宁波、常州和黄山位居前 5 位,宿州、舟山、蚌埠、滁州和淮北位居后 5 位。见图 3-26。

---

① 　中华人民共和国国家旅游局.《旅游景区水平等级的划分与评定》(修订)(GB-T17775-2003).

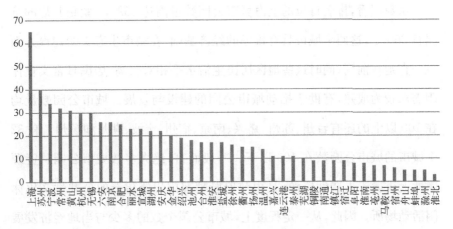

图 3-26　长三角 41 个城市国家 4A 级及以上景区数排名　单位：个

　　资料表明,在国家 4A 级及以上景区数方面,上海有 53 家,说明上海的旅游景区资源优势比较显著,也从侧面揭示出上海成为我国重要旅游目的地城市的原因。杭州、苏州和宁波各拥有 30 余家国家 4A 级及以上景区。需要指出的是,有 7 个城市拥有量在 10 个以下,反映了这些城市在旅游业发展方面与领先城市相比存在着不小的差距。

　　第三,主题公园数。主题公园是一种以游乐为目标的模拟景观的呈现,它的最大特点就是赋予游乐形式以某种主题,围绕既定主题来营造游乐的内容与形式。园内所有的建筑色彩、造型、植被,游乐项目等都为主题服务,共同构成游客容易辨认的特质和游园的线索。主题公园是现代旅游业在旅游资源的开发过程中所孕育产生的新的旅游吸引物,是自然资源和人文资源的一个或多个特定的主题,采用现代化的科学技术和多层次空间活动的设置方式,集诸多娱乐内容、休闲要素和服务接待设施于一体的现代旅游目的地。

　　从主题公园的统计数据可以看到,上海主题公园有 16 家,宁波有 8 家,杭州有 7 家,合肥有 5 家;湖州、淮北、宿州和芜湖各 4 家。余下的城市中,拥有主题公园的数量大致在 1 至 3 家。其中,有 4 个城市至今没有主题公园。见图 3 - 27。

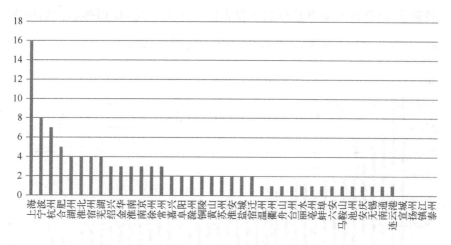

图 3 - 27　长三角 41 个城市主题公园数排名　单位:个

主题公园的建设需要具有较好的经济发展基础,良好的区位优势和市场条件,所以一般都选择在发展情况较好的城市。

三、文化接待力

文化接待力主要反映城市接待本地居民和外来游客的规模水平,包括每百人藏书量、博物馆参观总人次、艺术表演团体国内演出观众人次、国内游客人次、入境游客人次、艺术表演团体演出场次,这是城市文化竞争力发展的重要表征。

（一）接待人次

第一,每百人藏书量。建设图书馆,就是给城市一个活的灵魂,让阅读有效地进入民众的日常生活,提炼和升华城市精神的同时也改善这个城市的文化氛围,因而图书馆的数量、每百人藏书量,是衡量一个文明城市最重要的指标之一。长三角 41 个城市每百人藏书量统计显示,上海、苏州、杭州、嘉兴和舟山位居前5位,而宿州、淮南、蚌埠、亳州和阜阳则位居后5位。需要指出的是,南京、合肥两座省会城市经济发展水平排位比较靠前,但每百人藏书量排名不仅未能进入前5位,反而排名位居中下游,值得引起有关管理部门的高度重视。见图3-28。

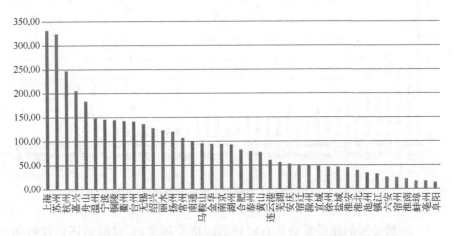

图3-28　长三角41个城市每百人藏书量排名　单位:册

第二,博物馆参观总人次。博物馆作为征集、典藏、陈列和研究代表自然和人类文化遗产实物的场所,其存在目的是为公众提供知识、教育及欣赏服务。毫无疑问,供应文化是博物馆的核心功能。事实上,博物馆往往与其所在地的经济生活密不可分,因为其不仅回馈于当地经济——创造需求和文化供给、制造就业岗位、拉动旅游业及相关行业发展等,而且也得益于当地经济——交通等公共配套设施、政府财政支持等。大多数博物馆为非营利性组织,但门票、版权、巡展等项目又在为博物馆创造着相当规模的收入,博物馆也必须面对和处理大量开支。长三角41个城市博物馆参观总人次统计结果显示,南京、上海、杭州、嘉兴和台州位居前5位,亳州、蚌埠、淮南、阜阳和铜陵位居后5位。见图3-29。

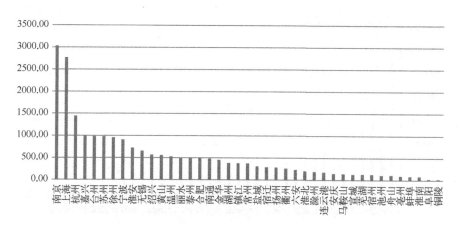

图 3-29　长三角 41 个城市博物馆参观总人次排名　单位：万人次

根据统计信息可知，南京以参观总人次高达 3 030.75 万人次位居第 1 位。体现了南京是我国四大古都之一、首批历史文化名城，是中华文明的重要发祥地之一的地位。上海和浙江省两省的省会城市这一数据排名也比较靠前。但安徽省这一指标水平偏低。

第四，艺术表演团体国内演出观众人次。艺术表演团体指由文化部门主办或实行行业管理（经文化市场行政部门审批或已申报登记并领取相关许可证），专门从事表演艺术等活动的各类专业艺术表演团体，含民间职业剧团，如话剧团、方言话剧团、滑稽剧团、儿童剧团、歌剧团、舞剧团、歌舞剧团、歌舞团、曲艺团、杂技团、马戏团、木偶剧团、皮影剧团等，以及由若干剧种组成的综合性专业艺术表演团体。不包括群众业余文艺表演团体。各类专业艺术表演团体，除部队系统外，均应统计。该指标主要反映全国专业艺术表演团体发展规模水平。长三角 41 座城市的统计数据结果显示，上海、杭州、苏州、蚌埠和宁波排名前 5 位，淮南、滁州、丽水、台州和湖州排名后 5 位，见图 3-30。

（二）旅游人次

第一，国内游客人次。国内旅游者人次，是指我国大陆居民和在我国常住 1 年以上的外国人、华侨、港澳台同胞离开常住地，在境内其他地方

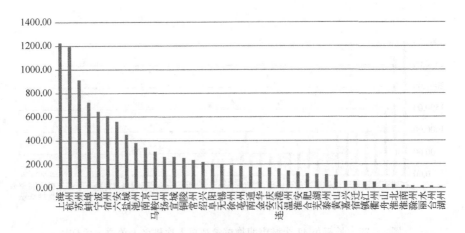

图 3-30　长三角 41 个城市艺术表演团体国内演出观众人次排名　单位：万人次

的旅游设施内至少停留一夜，最长不超过 6 个月的人数。国内旅游者人次通常成为衡量一座城市接待国内旅游者能力的直接指标。长三角 41 城市统计数据显示，上海、杭州、合肥、宁波和金华排名前 5 位，淮南、宿州、铜陵、宿迁和淮北排名后 5 位。见图 3-31。

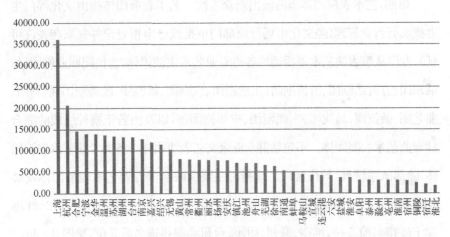

图 3-31　长三角 41 个城市国内游客人次排名　单位：万人次

从各城市接待国内旅游者人数规模看，大致可以分成以下几个层次。

第一层次是上海，年接待国内游客人数在 3 亿人次以上。第二层次是杭州,年接待国内游客人数在 1.5 亿人次以上。第三层次是合肥、宁波、金华、温州、苏州、湖州、台州、南京、嘉兴、绍兴和无锡,年接待国内游客人数在 1 亿人次以上。第四层次黄山、常州、衢州、丽水、扬州、安庆、镇江、池州、舟山、芜湖、徐州、南通和蚌埠,年接待国内游客在 5 000 万人次以上。其余 15 座城市为第五层次,年接待国内游客低于 5 000 万人次以下。

第二,入境游客人次。入境游客人次是指来中国(大陆)观光、度假、探亲访友、就医疗养、购物、参加会议或从事经济、文化、体育、宗教活动,且在中国(大陆)的旅游住宿设施内至少停留一夜的外国人、港澳台同胞等游客的数量。入境游客人次是反映一座城市接待国外旅游者能力的直接指标。倘若从城市文化功能的外向型特征出发,入境游客人次综合反映了城市文化产业满足外来游客的文化及其他相关需求的能力。长三角41 城市接待入境游客人次统计显示,排名前 5 位的城市有上海、苏州、黄山、杭州和南京,排名后 5 位的城市有阜阳、淮北、衢州、丽水和宿迁。见图 3－32。

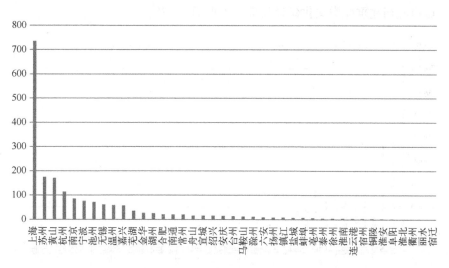

图 3－32　长三角 41 个城市入境游客人次排名　单位: 万人次

总体来看,东部沿海地区接待入境游客人数较多。其中,上海优势特别明显,体现了上海作为国内最大的工商业城市和亚太地区重要的经济中心城市在国际旅游市场中的吸引力与影响力。苏州、黄山在入境游客方面表现非常优异,分别位于第二、三位。从分布态势看,各城市在入境旅游市场的发展步伐并不均衡,尤其是一些小型城市,如丽水、宿迁等在接待入境过夜游客方面表现比较薄弱,与头部城市相比差距比较大,应当引起相关城市管理部门的注意。入境旅游市场发展的不均衡,也是长三角地区未来在拓展入境旅游领域方面需要重点关注的地方。

(三)艺术表演团体演出场次

长三角41座城市艺术表演团体演出场次统计数据如下。上海、杭州、苏州、湖州和绍兴排名前5位,六安、亳州、蚌埠、滁州和黄山排名后5位。可以看出,上海作为国际型大都市、经济社会高度发达的城市,艺术表演团体演出场次以72 700的高频次排在第一位,与其地位较符,杭州紧跟其后。而南京、合肥两座省会城市排名则比较靠后。人文底蕴丰厚的城市应当注重此类文化建设与推广。见图3-33。

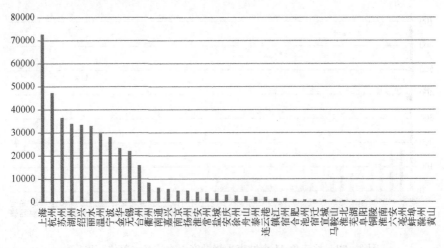

图3-33 长三角41个城市艺术表演团体演出场次排名 单位:次

四、文化利用力

文化利用力主要反映当前城市文化产业发展规模,包括文化产业增加值、文化产业占地区生产总值比重、电影票房总收入、旅游总收入,这是长三角城市文化竞争力发展的关键支撑。

（一）产业规模

第一,文化产业增加值。文化产业增加值是指一定时期内单位文化产值的增加值。我国文化产业发展经历了从萌芽期、快速扩张期、全面提升期。据统计,自 2012 年至 2019 年间,全国文化产业增加值呈逐年上升趋势,从 1.8 万亿元增加到近 4.4 万亿元,占地区生产总值的比重从 2012 年的 3.48％增加到 2019 年的 4.5％。文化产业的发展,不但促进经济结构的转型,还成为推动就业和收入增长的主要动力。长三角 41 座城市文化产业规模统计数据显示,杭州、上海、苏州、宁波和南京位居前 5 位,六安、池州、淮南、淮北和铜陵位居后 5 位。见图 3-34。

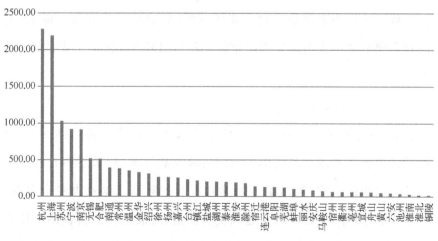

图 3-34　长三角 41 个城市文化产业增加值排名　单位:亿元

从文化产业增加值的规模来看,可以将41个城市的文化产业增加值分成五个层次:第一个层次,有杭州和上海2个城市,文化产业增加值在2 000亿元以上;第二个层次,有苏州1个城市,文化产业增加值在1 000亿元以上;第三个层次,包括宁波、南京、无锡和合肥4个城市,文化产业增加值在500亿元以上;第四个层次,包括常州、温州、金华、绍兴、徐州、扬州、嘉兴、台州、镇江、盐城、湖州、泰州、淮安、滁州、宿迁、连云港、阜阳、芜湖和蚌埠19个城市,文化产业增加值在100亿元以上;其余14个城市属于第五个层次,文化产业增加值在100亿元以下。由此可以看出,长三角41个城市文化产业增加值水平差异较大,其中安徽省整体文化产业增加值水平不容乐观。

第二,文化产业占地区生产总值比重。据国家统计局发布数据显示,近年来文化及相关产业增加值保持平稳快速增长,占地区生产总值比重稳步上升,在加快新旧动能转换、推动经济高质量发展中发挥了积极作用。长三角41个城市统计数据显示,排名前5位的是杭州、宁波、金华、黄山和湖州,而六安、淮南、铜陵、淮北和马鞍山位居后5位。其中,杭州以14.2%的比重位居第1位,超出排名第2位的宁波一大截。杭州历来注重文化产业的发展,政府也大力支持。南京、上海和合肥文化产业占地区生产总值比重相对较低,应当引起重视。见图3-35。

(二)产业收入

第一,电影票房总收入。电影票房原指电影院售票处,后引申为影院的放映收益或一部电影的影院放映收益情况,后来逐渐有公司专门统计电影的票房,给出更为明确和直观的数据。据业内专家预测,未来5到10年,中国电影将迈向更有质量、发展更快的黄金期。长三角41个城市电影票房总收入数据如下,排名前5位的有上海、杭州、

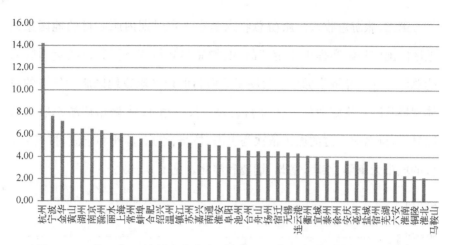

图 3-35　长三角 41 个城市文化产业占地区生产总值比重排名　单位：%

苏州、南京和宁波，而淮北、铜陵、黄山、池州和丽水位居后 5 位。见图 3-36。

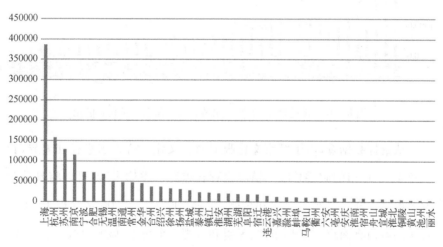

图 3-36　长三角 41 个城市电影票房总收入排名　单位：万元

从数据分析看，上海以 386 401 万元的总收入占据绝对优势，排名第一。其次杭州和苏州位居第 2 和第 3 位。安徽省省会城市合肥排名第 6 位。排名后 6 位的城市均属于安徽省。从结果也可以看出，电影票房总收入跟城市的经济发展水平是相匹配的。

第二,旅游总收入。旅游总收入是指一定时期内旅游目的地国家或地区向国内外游客提供旅游产品、购物品和其他劳务所获得的货币收入的总额。这一经济指标综合反映了旅游目的地国家或地区旅游经济的总体规模状况和旅游业的总体经营成果。长三角41个城市旅游总收入情况显示,排名前5位的城市依次为上海、杭州、南京、苏州和宁波,排名后5位的城市为阜阳、淮南、宿州、铜陵和淮北。见图3-37。

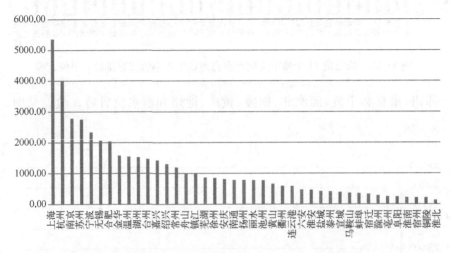

图3-37　长三角41个城市旅游总收入排名　单位:亿元

从指标数据看,由于城市文化吸引力和文化接待力水平存在差异,长三角41个城市的旅游总收入情况也存在差距。整体来看,可以将其分为五个层次:第一层次为上海和杭州,旅游总收入在4 000亿元以上;第二层次的城市有南京、苏州、宁波、无锡和合肥5个城市,旅游总收入在2 000亿元以上;第三层次的城市有金华、温州、湖州、台州、嘉兴、绍兴、常州、舟山和镇江9个城市,旅游总收入在1 000亿元以上;第四层次有芜湖、徐州、安庆、南通、扬州、丽水、池州、黄山、衢州和连云港10个城市,旅游总收入在500亿元以上;其余15个城市属于第5层次,旅游总收入在500亿元以下。

五、文化消费力

文化消费力主要反映城市居民生活质量和文化消费结构,包括恩格尔系数、居民文化消费占总支出比重、人均可支配收入、居民人均文化娱乐消费、人均交通通信费用、人均电影消费等。这是城市居民文化生活品质的体现,是长三角城市文化竞争力发展的核心内容。

(一)消费结构

第一,恩格尔系数。恩格尔系数主要揭示了居民家庭收入和食品支出之间的演变关系,系数越大,家庭生活越贫困;反之,生活越富裕。联合国根据恩格尔系数的大小,制定了一个划分生活水平的标准,即一个国家平均家庭恩格尔系数大于60%为贫穷;50%~60%为温饱;40%~50%为小康;30%~40%属于相对富裕;20%~30%为富足;20%以下为极其富裕。改革开放以来,我国城市居民家庭恩格尔系数持续下降,从一定程度上体现我国城市居民生活质量在提高,消费结构逐步升级。因此对一个城市来讲,居民家庭平均恩格尔系数也就成为衡量一个城市富裕程度的主要标准之一。在本报告中,恩格尔系数作为负向指标。根据41座城市的统计数据,恩格尔系数排名显示,上海、杭州、金华、苏州和南京最低,而安徽蚌埠、芜湖、马鞍山、宣城和六安为最高的5位。见图3-38。

根据联合国的划分标准,在41座城市中,有13座城市的恩格尔系数处于相对富裕的发展阶段,占总数的48.1%,其中有12座城市低于35%的标准。其余14座城市的恩格尔系数均处于20%~30%,处于联合国设定的城市发展的富足阶段。总的看来,经过40年来改革开放的发展,我国城市居民生活水平已经获得极大提高,也为居民文化生活质量的提升奠定了重要的经济物质基础。

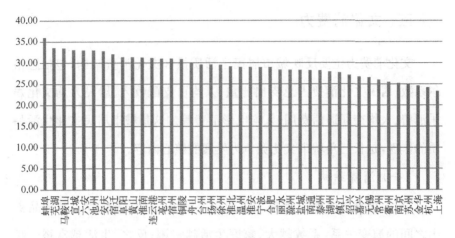

图3-38 长三角41个城市恩格尔系数排名 单位:%

第二,居民文化消费占总支出比重。这是反映居民生活消费结构变化的一个重要指标,也是反映居民文化生活质量的重要指标。长三角41个城市的居民文化消费占总支出比重显示,宿州、淮安、盐城、镇江和泰州居前5位,苏州、芜湖、徐州、丽水和六安位居后5位。需要注意的是,上海排名第12位,安徽省省会合肥排名第9位,浙江省省会城市杭州排名第22位。见图3-39。

(二)消费能力

第一,人均可支配收入。本研究主要用人均可支配收入作为衡量消费能力的指标。城市居民人均可支配收入是指居民家庭全部现金收入能用于安排家庭日常生活的那部分收入。一般认为,人均可支配收入是影响居民文化消费最重要的因素。一个城市的人均可支配收入往往可以体现这个城市居民的消费水平,从而对居民文化消费的购买倾向和消费喜好形成影响。从统计数据看,各城市之间居民可支配收入的差距依旧比较明显。其中,上海、苏州、杭州、宁波和南京排名前5位,阜阳、宿州、亳州、六安和宿迁排名后5位。见图3-40。

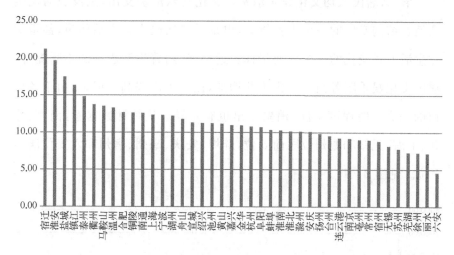

图 3-39　长三角 41 个城市居民文化消费占总支出比重排名　单位：%

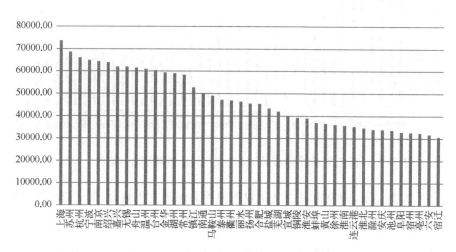

图 3-40　长三角 41 个城市人均可支配收入排名一览图　单位：元

从具体数据可见,所有城市的人均可支配收入均在 30 000 以上。上海以 73 615 元位居第 1 位。人均可支配收入在 60 000 元以上的城市有 11 座,在 50 000 元以上的有 5 座,处于 30 000～50 000 元之间的有 29 座城市。

第二,居民人均文化娱乐消费。文化娱乐消费支出,是反映居民生活消费结构变化的一个重要指标,也是反映居民文化生活质量,甚至文化生活方式变化的一个重要指标。近年来,随着生活水平的不断提升,居民文化娱乐服务消费支出不断增加,比重不断提高。但是,由于各城市的经济发展程度不同,消费支出也有差异。从统计数据看,南京、苏州、上海、无锡和温州位居前 5 位,蚌埠、安庆、亳州、宿州和六安位居后 5 位。见图 3-41。

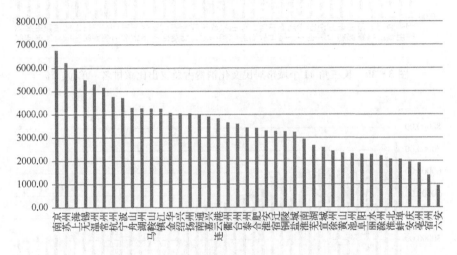

图 3-41　长三角 41 个城市居民人均文化娱乐消费排名一览图　单位:元

数据显示,南京市民在文化娱乐消费方面的支出最高,为 6 759 元,独占鳌头。苏州位居第 2。各城市间的发展局部有稳,但相对不平衡,据统计,约有 51.2％的城市居民人均教育文化娱乐服务消费低于 3 500 元,且主要分布在安徽省。

（三）消费支出

第一,人均交通通信费用。在当代城市中,交通和通信消费已经成为人们日常文化生活中不可或缺的部分。尤其是随着人们社会交往的日益频繁、信息观念的普遍加强,以及现代交通工具和高科技信息产品的迅速发展,居民人均交通和通信消费支出已经日渐增长。从统计数据看,杭州、嘉兴、苏州、金华和台州位居前 5 位,连云港、铜陵、宿州、宿迁和安庆位居后 5 位。见图 3 - 42。

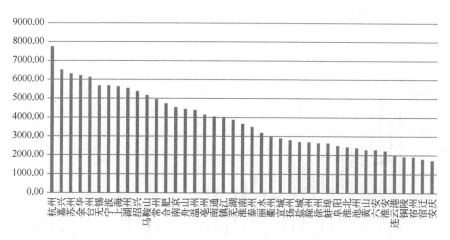

图 3 - 42　长三角 41 个城市人均交通通信费用排名　单位:元

图 3 - 42 显示,我国城市居民用于交通和通信消费的层次性还是比较清晰,大致可以分为三个层次。杭州、嘉兴、苏州、金华和台州 5 个城市座城市居民人均交通和通信消费突破 6 000 元,其中杭州最高,达到 7 746 元,无锡、宁波、上海、湖州、绍兴、马鞍山 6 个城市居民的消费在 5 000 元以上。两者合计有 11 座城市,为第一层次,占总数的 26.8%。消费在 3 000～5 000 元之间的城市有 12 座,占总数的 29.3%。在 3 000 元以下的有 18 座城市,占总数的 43.9%。此外,排名第一的杭州和位居末位的安庆居民的消费相差 4 倍有余,说明不同城市间居民的消费支出差距较大。

　　第二,人均电影消费。近年来,中国银幕数量持续迅猛增长,观看电影已成为居民日常文化消费的一种普遍方式。从统计数据看,上海、杭州、南京、苏州和无锡位居前 5 位,六安、安庆、亳州、宿州和丽水位居后 5

位。安徽省的省会城市合肥位居第七位。上海、杭州、南京、苏州和无锡的人均电影消费均在 100 元以上,有 12 个城市的人均电影消费在 50～100 元之间,占比 29.3%。有 24 座城市的人均电影消费在 50 元以下,占比 58.5%。见图 3-43。

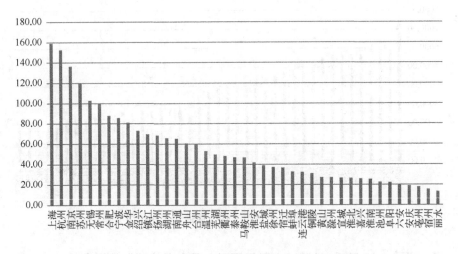

图 3-43　长三角 41 个城市人均电影消费排名　单位:元

第二部分

城市文化竞争力指标分析

第四章　41 个城市文化竞争力 指标分析

第一节　城市规模的划分标准及分类

改革开放以来,随着国民经济的大力发展和工业化进程的不断推进,我国的城镇化已经取得巨大成就,城市数量和规模都有了明显增长。2014 年 11 月 20 日,国务院发布了《关于调整城市规模划分标准的通知》,对我国原有的城市规模划分标准进行了调整,明确了新的城市规模划分标准以城区常住人口为统计口径,将城市划分为五类七档。第一类,城区常住人口 50 万以下的城市为小城市。其中 20 万以上 50 万以下的城市为Ⅰ型小城市,20 万以下的城市为Ⅱ型小城市。第二类,城区常住人口 50 万以上 100 万以下的城市为中等城市。第三类,城区常住人口 100 万以上 500 万以下的城市为大城市,其中 300 万以上 500 万以下的城市为Ⅰ型大城市,100 万以上 300 万以下的城市为Ⅱ型大城市。第四类。城区常住人口 500 万以上 1 000 万以下的城市为特大城市。第五类,城区常住人口 1 000 万以上的城市为超大城市。依据这一划分标准,可以将本研究对象涵盖的 41 个城市划分为以下五类城市,超大城市 1 个,特大城市 2 个,Ⅰ型大城市 3 个,Ⅱ型大城市 14 个,中等城市 15 个,Ⅰ型小城市 6 个。见表 4-1。

表 4-1 长三角 41 个城市人口规模类型

城　市	城区人口（万人）	城市等级分档
上　海	2 428.14	超大城市
杭　州	810.90	特大城市
南　京	682.35	特大城市
合　肥	475.01	Ⅰ型大城市
苏　州	426.28	Ⅰ型大城市
宁　波	340.63	Ⅰ型大城市
无　锡	273.48	Ⅱ型大城市
温　州	218.84	Ⅱ型大城市
常　州	217.52	Ⅱ型大城市
南　通	212.35	Ⅱ型大城市
徐　州	207.55	Ⅱ型大城市
芜　湖	193.53	Ⅱ型大城市
淮　安	175.5	Ⅱ型大城市
绍　兴	169.31	Ⅱ型大城市
盐　城	144.35	Ⅱ型大城市
台　州	130.33	Ⅱ型大城市
扬　州	123.84	Ⅱ型大城市
淮　南	121.00	Ⅱ型大城市
连云港	111.55	Ⅱ型大城市
阜　阳	109.65	Ⅱ型大城市

续　表

城　市	城区人口（万人）	城市等级分档
湖　州	99.74	中等城市
蚌　埠	98.10	中等城市
嘉　兴	91.74	中等城市
泰　州	91.44	中等城市
镇　江	89.00	中等城市
宿　迁	87.70	中等城市
金　华	83.64	中等城市
安　庆	77.07	中等城市
马鞍山	75.45	中等城市
淮　北	73.00	中等城市
舟　山	64.40	中等城市
六　安	60.80	中等城市
宿　州	59.26	中等城市
滁　州	58.70	中等城市
铜　陵	54.85	中等城市
丽　水	39.25	Ⅰ型小城市
亳　州	38.50	Ⅰ型小城市
衢　州	38.45	Ⅰ型小城市
宣　城	36.20	Ⅰ型小城市
黄　山	36.17	Ⅰ型小城市
池　州	31.08	Ⅰ型小城市

第二节　超大城市文化竞争力指标分析

　　超大城市的常住户人口规模在 1 000 万以上,长三角 41 个城市中符合这一标准的城市只有上海市。从城市行政级别看,上海市为直辖市。一般来说,城市人口规模与城市的生活品质高度相关,人口规模越大,城市的文化娱乐资源也越丰富,本部分接下来将分析上海这个超大型城市在 36 个指标属性方面呈现出来的特点。

　　上海是我国的经济、金融和商业中心,上海的城市文化被称为"海派文化",既有江南文化的古典与雅致,又有国际大都市的现代与时尚,这种文化风格为上海休闲文化设施的多样性发展奠定了良好的文化基础。从数据分析看,上海 36 个指标水平值区间在 0~8,均值水平是 2.682 0。高于均值水平的指标有 18 个,占指标总数的 50%。具体有入境游客人次、咖啡馆数、电影票房总收入、城市公共交通客运量、艺术表演团体演出场次、文化产业增加值、体育馆数、高等院校数量、酒吧数、文化市场经营机构总数、主题公园数、艺术表演团体国内演出观众人次、博物馆参观总人次、影/剧院数、城市公园数、博物馆数、旅游总收入、高校学生数量。其中,指标水平值最高的是入境游客人次(7.827 1),其次是咖啡馆数(6.301 8)。从中可以看出,上海的文化接待力水平、文化娱乐设施、交通客运规模和产业规模、教育能力等指标水平较高,表明上海比较重视国际旅游业的发展和城市交通网络建设,文化接待力和文化吸引力、文化产业投入对提高文化竞争力作用显著。

　　低于均值水平的指标有 18 个,占总指标数量的 50%。分别为每百人藏书量、国内游客人次、国家 4A 级及以上景区数、人均电影消费、国家重点文物保护单位数、人均地区生产总值、图书馆数、居民人均文化娱乐消费、人均交通通信费用、人均可支配收入、城镇居民每百户电脑拥有量、文化产业占地区生产总值比重、居民文化消费占总支出比重、城市化率、城镇居民每百户彩电拥有量、第三产业所占比重、恩格尔系数、人均住房面积。从中可以发现，低于均值水平的指标大部分为人均意义上的指标，上海的人均文化休闲供给状况不均衡，尚无法与上海这座国际化大都市在全球的地位相匹配，表明上海的文化建设水平还需进一步提升，以满足不同群体的需求。见图4-1。

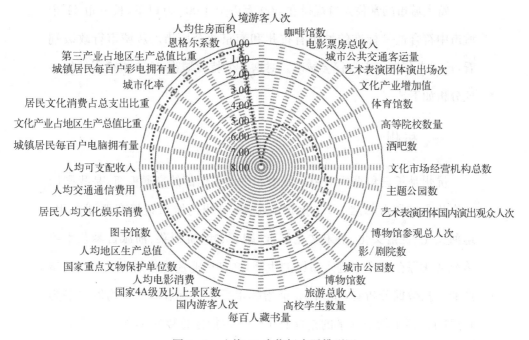

图4-1　上海36个指标水平排列图

为更好分析每个城市文化竞争力的优势和不足，将各维度指数划分为上游水平、中等水平和下游水平，其中将排名1～10列为上游水平；11～26名列为中等水平；27～36列为下游水平（下同）。从横向比较来看，36个指标中，上海的城市化率、第三产业所占比重、高等院校数量、城市公共交通客运量、图书馆数、博物馆数等31个指标处于上游水平；排名在中游水平的有高校学生数量、城镇居民每百户彩电拥有量、居民文化消费占总支出比重 3 个指标；处于下游水平的有人均住房面积和恩格尔系数 2 个指标，而恩格尔系数这种排名越靠后说明城市经济发展越好，整体体现了上海文化竞争力的绝对优势。

第三节　特大城市文化竞争力指标分析

特大城市的常住人口规模在 500 万以上 1 000 万以下，长三角 41 个城市中符合这一标准的城市有杭州和南京两个城市。从城市行政级别看，杭州市和南京市为省会城市。对这 2 个特大城市 36 个指标属性的特征分析如下。

一、杭州

杭州是长三角重要的中心城市和中国东南部的交通枢纽，是我国历史文化名城和古都之一，文化积淀深厚，杭州的城市记忆有西湖文化、运河文化、良渚文化、南宋文化等，丝绸、茶叶、杭帮菜、浙派古琴艺术等传统文化保存至今并进入市民的生活，文创产业还是杭州重要的支柱型产业。从数据分析看，杭州 36 个指标水平值区间在 0～5，均值水平为 1.571 1。高于均值水平的指标有 17 个，占指标总数的 47%。具体有文化产业增加值、艺术表演团体国内演出观众人次、艺术表演团体演出场次、高等院校数量、酒吧数、高校学生数量、国家重点文物保护单位数、咖啡馆数、城市公园数、旅游总收入、城市公共交通客运量、电影票房总收入、人均电影消费、每百人藏书量、博物馆参观总人次、博物馆数、影/剧院数。其中，指标水平值最高的是文化产业增加值(4.681 0)，其次是艺术表演团体国内演出观众人次(3.407 4)。从中可以看出，杭州的文化产业规模与收入、交通客运规模、教育发展规模、文化和娱乐设施规模等指标水平较好，充分反映出杭州在交通、教育、文创产业设施与规模等方面的优势。

　　低于均值水平的指标有 19 个，占总指标数量的 53%。分别为主题公园数、国内游客人次、文化产业占地区生产总值比重、人均交通通信费用、人均地区生产总值、国家 4A 级及以上景区数、入境游客人次、居民人均文化娱乐消费、图书馆数、人均可支配收入、文化市场经营机构总数、城镇居民每百户彩电拥有量、城镇居民每百户电脑拥有量、居民文化消费占总支出比重、城市化率、体育馆数、第三产业所占比重、恩格尔系数、人均住房面积。从中可以发现，杭州低于均值水平的指标主要是人均意义的指标，人均消费能力有待增强，文化设施建设也值得引起重视。见图 4-2。

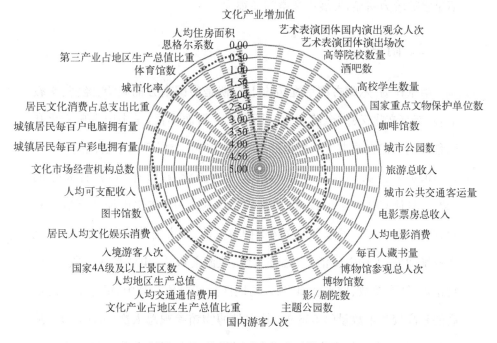

图 4-2　杭州 36 个指标水平排列图

在 36 个指标中,杭州的城市化率、第三产业所占比重、高等院校数量、城市公共交通客运量、城镇居民每百户电脑拥有量、城镇居民每百户彩电拥有量、图书馆数、博物馆数、国家重点文物保护单位数、影\剧院数、咖啡馆数、酒吧数、城市公园数、国家 4A 级及以上景区数、主题公园数、博物馆参观总人次、每百人藏书量、艺术表演团体国内演出观众人次、国内游客人次、入境游客人次、艺术表演团体演出场次、文化产业增加值、文化产业占地区生产总值比重、电影票房总收入、旅游总收入、人均可支配收入、居民人均文化娱乐消费、人均交通通信费用和人均电影消费等 29 个指标均位于 41 个城市的上游水平;处于中游水平的指标有文化市场经营机构总数、体育馆数、居民文化消费占总支出比重等 3 个指标;高校学生数量、人均住房面积、恩格尔系数和居民文化消费占总支出比重等 4 个指标处于下游水平,这说明杭州的文化竞争力虽然整体排名较为靠前,但其不足之处较为明显,发展提高空间还很大。

二、南京

南京作为"六朝古都",在历史上长期是中国南方的政治、经济、文教中心,南京文化又称"金陵文化",历史文化资源丰富,是中国古典文化和风雅文化的代表城市。从数据分析看,南京 36 个指标水平值区间在 0～5,均值水平为 1.352 1。高于均值水平的指标有 15 个,占指标总数的 42%。具体有高校学生数量、博物馆参观总人次、文化市场经营机构总数、高等院校数量、国家重点文物保护单位数、城市公共交通客运量、文化产业增加值、人均电影消费、咖啡馆数、旅游总收入、电影票房总收入、博物馆数、体育馆数、城市公园数、人均地区生产总值。其中,指标水平值最高的是高校学生数量(4.556 9),其次是博物馆参观总人次(3.764 3)。从中可以看出,南京教育水平、文化娱乐设施、产业规模和收入发展水平较

好,表明南京文化产业经济发展水平较高,同时比较重视高校的教育培养
能力。

南京低于均值水平的指标有 21 个,占总指标数量的 58%。分别为酒
吧数、影/剧院数、艺术表演团体国内演出观众人次、国家 4A 级及以上景
区数、国内游客人次、人均交通通信费用、入境游客人次、人均可支配收
入、每百人藏书量、图书馆数、主题公园数、文化产业占地区生产总值比
重、居民人均文化娱乐消费、城镇居民每百户电脑拥有量、城市化率、城镇
居民每百户彩电拥有量、居民文化消费占总支出比重、第三产业所占比
重、艺术表演团体演出场次、人均住房面积、恩格尔系数。从中可以发现,
衡量南京文化竞争力的指标中较弱的主要是人均意义上的消费性指标和
旅游接待人次,反映出南京人均消费水平较低,对游客的旅游吸引力较
弱。见图 4 - 3。

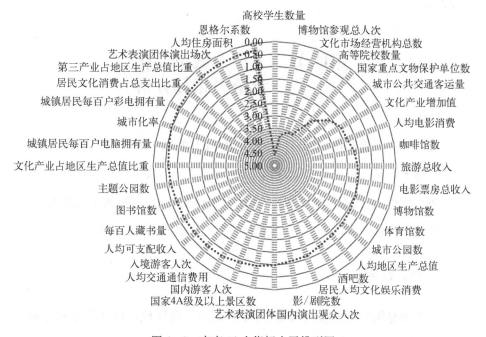

图 4 - 3　南京 36 个指标水平排列图

在 36 个指标中,南京的城市化率、第三产业所占比重、高等院校数量、高校学生数量、城市公共交通客运量、城镇居民每百户电脑拥有量、图书馆数、博物馆数、国家重点文物保护单位数、文化市场经营机构总数、影/剧院数、体育馆数、咖啡馆数、酒吧数、城市公园数、国家 4A 级及以上景区数、博物馆参观总人次、艺术表演团体国内演出观众人次、国内游客人次、入境游客人次、文化产业增加值、文化产业占地区生产总值比重、电影票房总收入、旅游总收入、人均可支配收入和人均电影消费等 27 个指标位于 41 个城市的上游水平;处于中游水平的有人均住房面积、城镇居民每百户彩电拥有量、主题公园数、每百人藏书量、艺术表演团体演出场次、居民人均文化娱乐消费和人均交通通信费用等 7 个指标;恩格尔系数和居民文化消费占总支出比重等 2 个指标处于下游位置。说明在总体城市排名中南京整体表现较好,但是居民在文化消费方面的支出比较不理想。

第四节　Ⅰ型大城市文化竞争力指标分析

常住人口规模在 300 万以上 500 万以下的城市为Ⅰ型大城市,符合这一标准的城市有合肥、苏州和宁波 3 个城市。从城市行政级别看,合肥为省会城市,宁波为计划单列市,苏州为省辖地级市,分别属于安徽省、江苏省和浙江省。对 3 个Ⅰ型大城市 36 个指标属性的特征分析如下。

一、合肥

合肥是国家历史文化名城,近年来在长三角区域一体化发展战略推动下,发展较快,具有 2 000 多年的历史,素有"三国故地,包拯家乡"之称。

从数据分析看,合肥 36 个指标水平值区间在 0~4,均值水平为 0.849 9。高于均值水平的指标有 14 个,占指标总数的 39%。具体有高等院校数量、高校学生数量、文化市场经营机构总数、体育馆数、城市公共交通客运量、人均电影消费、旅游总收入、主题公园数、文化产业增加值、国内游客人次、电影票房总收入、人均地区生产总值、影/剧院数、国家 4A 级及以上景区数。其中,指标水平值最高的是高等院校数量(3.405 1),其次是高校学生数量(2.783 5)。从中可以看出,合肥的教育发展水平、公共交通建设、产业收入指标情况较好。

低于均值水平的指标有 22 个,占总指标数量的 61%。分别为博物馆数、人均交通通信费用、咖啡馆数、居民人均文化娱乐消费、每百人藏书量、城市公园数、博物馆参观总人次、居民文化消费占总支出比重、文化产业占地区生产总值比重、人均可支配收入、酒吧数、国家重点文物保护单位数、图书馆数、城镇居民每百户电脑拥有量、城市化率、艺术表演团体国内演出观众人次、城镇居民每百户彩电拥有量、第三产业所占比重、入境游客人次、人均住房面积、恩格尔系数、艺术表演团体演出场次。从中可以看出,合肥的数据中低于均值水平的指标主要包括一些人均意义的指标、文化和娱乐设施建设、文化产业规模、消费结构等指标,表明合肥文化相关产业的供给存在不均衡不充分的问题,文化业态发展较为落后,城市的对外吸引力水平较低,居民文化消费水平需要提高。见图 4-4。

在 36 个指标中,合肥的城市化率、第三产业所占比重、高等院校数量、城市公共交通客运量、文化市场经营机构总数、影/剧院数、体育馆数、咖啡馆数、国家 4A 级及以上景区数、主题公园数、国内游客人次、文化产业增加值、电影票房总收入、旅游总收入、居民文化消费占总支出比重和人均电影消费等 16 个指标位于 41 个城市的上游水平;处于中游水平的有城镇居民每百户电脑拥有量、城镇居民每百户彩电拥有量、图书馆数、

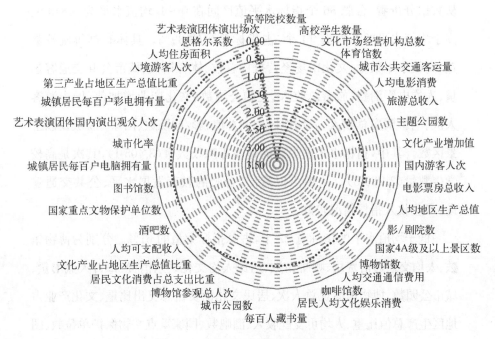

图4-4　合肥36个指标水平排列图

博物馆数、国家重点文物保护单位数、酒吧数、城市公园数、每百人藏书量、博物馆参观总人次、入境游客人次、艺术表演团体演出场次、艺术表演团体国内演出观众人次、文化产业占地区生产总值比重、恩格尔系数、人均可支配收入、居民人均文化娱乐消费和人均交通通信费用等18个指标;高校学生数量和人均住房面积等2个指标处于下游位置。说明作为安徽的省会城市,其城市文化建设相较于浙江、江苏的省会城市来说整体落后,需要在城市文化建设方面多下功夫,但是其城市居民文化消费意识较好,有利于城市文化的发展。

二、苏州

苏州是首批国家历史文化名城,吴文化的发祥地之一。苏州古典园林是中国私家园林的代表。从数据分析看,苏州36个指标水平值区间在

0～3,均值水平为 1.286 3。高于均值水平的指标有 18 个,占指标总数的
50%。具体有咖啡馆数、艺术表演团体国内演出观众人次、国家重点文物
保护单位数、每百人藏书量、艺术表演团体演出场次、酒吧数、体育馆数、
文化产业增加值、高等院校数量、电影票房总收入、人均电影消费、旅游总
收入、影/剧院数、入境游客人次、城市公园数、人均地区生产总值、国家
4A 级及以上景区数、高校学生数量、城市公共交通客运量、博物馆参观总
人次。其中,咖啡馆数的水平值最高(2.677 9),其次是艺术表演团体国内
演出观众人次(2.606 1)。从中可以发现,苏州的教育发展水平、文化娱乐
设施和景区公园规模、产业收入等指标良好,并且达到均值水平的指标数
量较多,表明苏州文化产业发展水平较为均衡,文化吸引力较强,文化娱
乐设施供给充分。

　　低于均值水平的指标有 18 个,占指标数量的 50%。人均交通通信费
用、博物馆数、国内游客人次、人均可支配收入、图书馆数、城镇居民每百
户彩电拥有量、居民人均文化娱乐消费、文化产业占地区生产总值比重、
城镇居民每百户电脑拥有量、城市化率、主题公园数、人均住房面积、居民
文化消费占总支出比重、恩格尔系数、第三产业所占比重、文化市场经营
机构总数。从中可以看出,苏州文化竞争力水平较低的指标中比较多的
为人均性消费指标,反映出文化产业的发展与居民消费能力不匹配的现
象。见图 4-5。

　　在 36 个指标中,苏州的国家重点文物保护单位数、城市化率、高等院
校数量、城市公共交通客运量、影\剧院数、咖啡馆数、酒吧数、城市公园
数、国家 4A 级及以上景区数、每百人藏书量、艺术表演团体国内演出观众
人次、入境游客人次、艺术表演团体演出场次、文化产业增加值、电影票房
总收入、旅游总收入、人均可支配收入、人均交通通信费用和人均电影消
费等 28 个指标均位于 41 个城市的上游水平;处于中游水平的指标有第

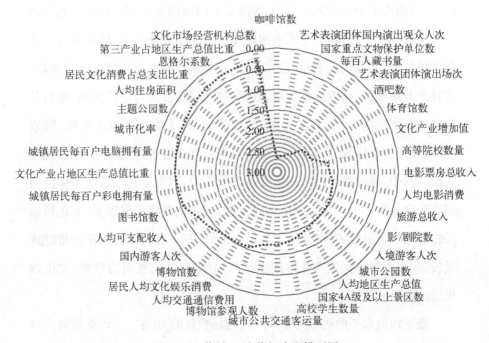

图 4-5　苏州 36 个指标水平排列图

三产业所占比重、人均住房面积、文化市场经营机构总数、主题公园数、文化产业占地区生产总值比重、居民人均文化娱乐消费等 6 个指标;恩格尔系数和居民文化消费占总支出比重 2 个指标处于下游水平,说明苏州的文化竞争力整体较好,但相比于其他城市来说居民文化消费能力较弱,急需改善。

三、宁波

　　宁波,国家历史文化名城、中国五大计划单列市之一、现代化国际港口城市,历史文化底蕴浓厚,是典型的江南水乡兼海港城市。从数据分析看,宁波 36 个指标水平值区间在 0~4,均值水平为 1.037 0。高于均值水平的指标有 16 个,占指标总数的 44%。具体有文化市场经营机构总数、文化产业增加值、艺术表演团体演出场次、艺术表演团体国内演出观众人次、主题公园数、国家重点文物保护单位数、博物馆数、旅游总收入、城市公园数、人均地区生产总值、国家4A级及以上景区数、人均电影消费、博物馆参观总人次、每百人藏书量、咖啡馆数、酒吧数。其中指标水平值最高的是文化市场经营机构总数(3.1238),其次是主题公园数(1.8765)。从中可以看出,宁波在文化竞争力中较好的指标主要集中在文化设施、景区景点数量、文化接待能力、旅游规模与收入,这说明宁波较重视旅游文化建设方面,文化设施条件在不断改善加强,为文化竞争力的提高打下坚实基础。

低于均值水平的指标有20个,占指标数量的56%。分别为城市公共交通客运量、影/剧院数、电影票房总收入、人均交通通信费用、高等院校数量、国内游客人次、居民人均文化娱乐消费、高校学生数量、人均可支配收入、文化产业占地区生产总值比重、入境游客人次、图书馆数、居民文化消费占总支出比重、城镇居民每百户彩电拥有量、城镇居民每百户电脑拥有量、城市化率、人均住房面积、体育馆数、第三产业所占比重、恩格尔系数。从中可以看出,宁波在文化竞争力指标中表现较弱的主要是人均意义的指标、公共交通客运量、娱乐设施和文化消费力等方面,这充分表现出当前宁波的人均消费水平、娱乐设施建设规模和交通运输的通达性还存在不足。见图4-6。

在36个指标中,宁波的城市化率、高等院校数量、高校学生数量、城市公共交通客运量、城镇居民每百户电脑拥有量、城镇居民每百户彩电拥有量、图书馆数、博物馆数、国家重点文物保护单位数、文化市场经营机构总数、影/剧院数、咖啡馆数、酒吧数、城市公园数、国家4A级及以上景区数、主题公园数、每百人藏书量、博物馆参观总人次、艺术表演团体国内演出观众人次、国内游客人次、入境游客人次、艺术表演团体演出场次、文化产业增加值、文化产业占地区生产总值比重、电影票房总收入、旅游总收

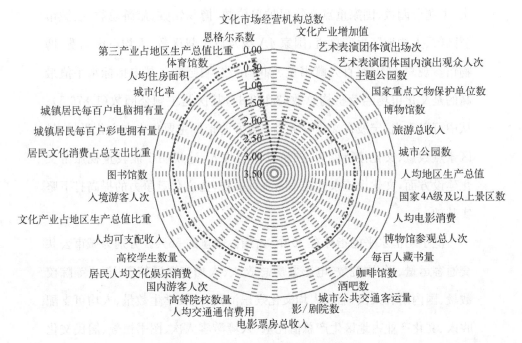

图 4-6　宁波 36 个指标水平排列图

入、人均可支配收入、居民人均文化娱乐消费、人均交通通信费用和人均
电影消费等 31 个指标位于 41 个城市的上游水平;处于中游水平的有第
三产业所占比重、人均住房面积、体育馆数、恩格尔系数和居民文化消费
占总支出比重等 5 个指标;没有指标处于下游位置。这一数据显示了宁
波的整体城市文化建设较好,一应设施较为齐全,但是居民的文化消费力
显然有待提高。

第五节　Ⅱ型大城市文化
竞争力指标分析

城市的城区常住人口规模在 100 万以上 300 万以下的城市为Ⅱ型大
城市,符合这一标准的有无锡、温州、常州、南通、徐州、芜湖、淮安、绍兴、

盐城、台州、扬州、淮南、连云港和阜阳14个城市。从行政区域划分看,属于浙江省的有温州、绍兴、台州3个城市,属于江苏省的有无锡、常州、南通、徐州、淮安、盐城、扬州和连云港等8个城市,属于安徽省的有芜湖、淮南和阜阳3个城市。由此可见,本地区Ⅱ型大城市主要分布在江苏省,这与地区的经济发展密切相关。对14个Ⅱ型大城市36个指标属性的特征分析如下。

一、无锡

无锡是国家历史文化名城,江南文明的发源地之一,有无锡文化"最江南"的说法,拥有鼋头渚、灵山大佛、无锡中视影视基地(三国城、水浒城唐城)等诸多景点。从数据分析看,无锡36个指标水平值区间在0~2,均值水平为0.7511。高于均值水平的指标有18个,占指标总数的50%。具体有人均地区生产总值、艺术表演团体演出场次、人均电影消费、博物馆数、旅游总收入、酒吧数、文化产业增加值、每百人藏书量、影/剧院数、国家4A级及以上景区数、咖啡馆数、人均交通通信费用、居民人均文化娱乐消费、电影票房总收入、体育馆数、城市公共交通客运量、博物馆参观总人次、高等院校数量。其中,指标水平值最高的是人均地区生产总值(1.4644),其次是艺术表演团体演出场次(1.4612)。从中可以看出,无锡的部分人均意义的指标、娱乐设施和景区规模、文化产业规模和收入指标水平较好,表明居民的文化消费意愿较强,旅游文化资源丰富,文化产业发展结构良好。

低于均值水平的指标有18个,占总指标数量的50%。具体有人均可支配收入、国内游客人次、高校学生数量、艺术表演团体国内演出观众人次、入境游客人次、城镇居民每百户彩电拥有量、城市化率、城镇居民每百户电脑拥有量、城市公园数、文化产业占地区生产总值比重、图书馆数、人均住房面积、居民文化消费占总支出比重、文化市场经营机构总数、国家重点文物保护单位数、恩格尔系数、第三产业所占比重、主题公园数。从中可以看出,无锡文化竞争力指标比较薄弱的是教育发展水平、居民文化消费和对国内外游客的文化吸引力,未来需要加强城市文化品牌宣传与对国内外游客的重点营销。

在36个指标中,无锡的城市化率、高等院校数量、城市公共交通客运量、博物馆数、影/剧院数、咖啡馆数、酒吧数、国家4A级及以上景区数、每百人藏书量、博物馆参观总人次、入境游客人次、艺术表演团体演出场次、文化产业增加值、电影票房总收入、旅游总收入、居民人均文化娱乐消费、人均可支配收入、人均交通通信费用和人均电影消费等20个指标位于41个城市的上游水平;处于中游水平的有第三产业所占比重、高校学生数量、人均住房面积、城镇居民每百户电脑拥有量、城镇居民每百户彩电拥有量、图书馆数、文化市场经营机构总数、体育馆数、城市公园数、艺术表演团体国内演出观众人次、国内游客人次、文化产业占地区生产总值比重等12个指标;国家重点文物保护单位数、主题公园数、恩格尔系数、居民文化消费占总支出比重等4个指标处于下游位置。说明在41个城市中无锡的城市文化建设整体水平中等偏上,文化产业发展中的文化娱乐设施发展较好,旅游收入可观,但城市居民对于文化娱乐消费的倾向较低。见图4-7。

二、温州

温州,国家历史文化名城,我国东南沿海重要的商贸城市和区域中心城市。从数据分析看,温州36个指标水平值区间在0~2,均值水平为0.7721。高于均值水平的指标有15个,占指标总数的42%。具体有艺术表演团体演出场次、国家重点文物保护单位数、博物馆数、每百人藏书量、

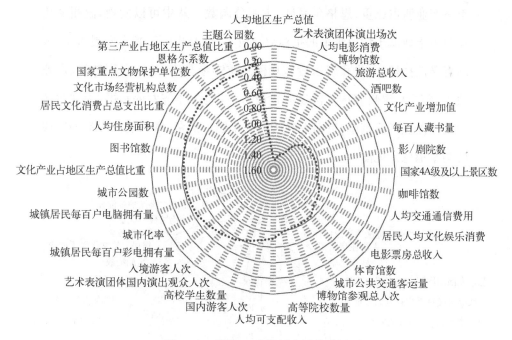

图 4 - 7　无锡 36 个指标水平排列图

居民人均文化娱乐消费、酒吧数、影/剧院数、国内游客人次、旅游总收入、城市公园数、人均交通通信费用、高等院校数量、文化市场经营机构总数、文化产业增加值、咖啡馆数。其中,指标水平最高的是艺术表演团体演出场次(1.962 2),其次是国家重点文物保护单位数(1.589 6)。从中可以看出,温州的文化接待力、文化利用力、文化娱乐设施和教育发展设施相对较好,能够很大程度上丰富居民的业余生活。

低于均值水平的指标有 21 个,占指标数量的 58%。分别为人均电影消费、人均可支配收入、图书馆数、博物馆参观总人次、电影票房总收入、城市公共交通客运量、人均地区生产总值、居民文化消费占总支出比重、高校学生数量、文化产业占地区生产总值比重、入境游客人次、体育馆数、国家 4A 级及以上景区数、城镇居民每百户电脑拥有量、城镇居民每百户彩电拥有量、艺术表演团体国内演出观众人次、城市化率、人均住房面积、第三产业所占比重、恩格尔系数、主题公园数。从中可以发现,温州文化竞争力指数低于均值水平的指标数量较多,主要集中于教育发展水平、人均意义性指标、文化和娱乐设施规模及游客参与率、景区公园数量、产业收入等方面,温州应从经济发展建设入手,提升经济发展水平,为文化产业发展提供经济基础,进而提升居民文化娱乐消费,增强居民生活的归属感与幸福感。见图4-8。

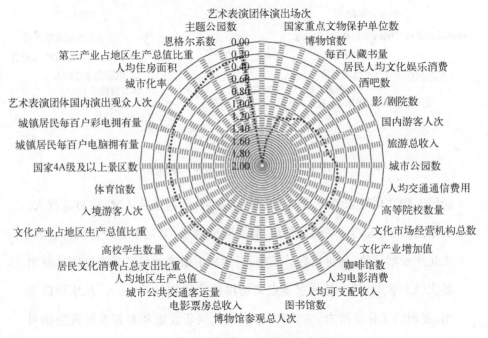

图 4-8 温州 36 个指标水平排列图

在 36 个指标中,温州的城市化率、第三产业所占比重、高等院校数量、高校学生数量、城市公共交通客运量、图书馆数、博物馆数、国家重点文物保护单位数、影/剧院数、咖啡馆数、酒吧数、每百人藏书量、国内游客人次、艺术表演团体演出场次、文化产业增加值、电影票房总收入、旅游总收入、居民文化消费占总支出比重、人均可支配收入和居民人均文化娱乐消费等 20 个指标位于 41 个城市的上游水平,且其文化竞争力的各方面涉及较为均匀；处于中游水平的指标有人均住房面积、城镇居民每百户电脑拥有量、城镇居民每百户彩电拥有量、文化市场经营机构总数、体育馆数、城市公园数、国家 4A 级及以上景区数、主题公园数、博物馆参观总人次、艺术表演团体国内演出观众人次、入境游客人次、文化产业占地区生产总值比重、恩格尔系数、人均交通通信费用和人均电影消费等 16 个指标，没有指标处于下游位置，说明温州的城市文化竞争力建设较好，居民也乐于参与文化娱乐，但由其恩格尔系数排名位于中游水平，说明其城市的经济发展还是相较落后，应在维持城市文化建设的同时，加大经济发展。

三、常州

常州是一座有着 3 200 多年历史的文化古城，别称"龙城"，是我国文化旅游名城。从数据分析看，常州 36 个指标水平值区间在 0～2，均值水平为 0.606 0。高于均值水平的指标有 16 个，占指标总数的 44％。具体有人均电影消费、人均地区生产总值、国家 4A 级及以上景区数、体育馆数、居民人均文化娱乐消费、人均交通通信费用、每百人藏书量、文化产业增加值、旅游总收入、艺术表演团体国内演出观众人次、高校学生数量、人均可支配收入、高等院校数量、主题公园数、电影票房总收入、博物馆数。其中，指标水平值最高的是人均电影消费(1.343 8)，其次是人均地区生产总值(1.272 0)。从中可以看出，常州人均电影消费指标值远高于其他指标，文化产业规模和人均消费性指标较好，表明常州比较重视文化产业投入，居民消费能力较强。

低于均值水平的指标有 20 个，占总指标数量的 56％。分别为文化市场经营机构总数、城市公共交通客运量、文化产业占地区生产总值比重、影/剧院数、国内游客人次、城镇居民每百户彩电拥有量、咖啡馆数、国家重点文物保护单位数、城镇居民每百户电脑拥有量、博物馆参观总人次、酒吧数、城市化率、人均住房面积、居民文化消费占总支出比重、城市公园数、图书馆数、恩格尔系数、第三产业所占比重、艺术表演团体演出场次、入境游客人次。从中可以看出,常州文化产业占地区生产总值比重、文化和娱乐设施规模、公园和景区数量、接待人次和旅游人次、城市公共交通等指标较弱,表明常州大部分文化娱乐设施等文化接待力水平比较弱,城市文化发展建设不足,当前文化发展供给不能满足居民需求。见图4-9。

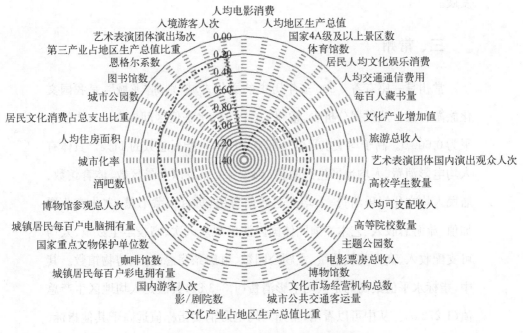

图4-9 常州36个指标水平排列图

在36个指标中,常州的城市化率、高校学生数量、咖啡馆数、国家4A级及以上景区数、居民人均文化娱乐消费、文化产业增加值、文化产业占地区生产总值比重、电影票房总收入和人均电影消费等9个指标位于41个城市的上游水平;处于中游水平的有第三产业所占比重、高等院校数量、人均住房面积、城市公共交通客运量、城镇居民每百户电脑拥有量、城镇居民每百户彩电拥有量、图书馆数、博物馆数、国家重点文物保护单位数、文化市场经营机构总数、影/剧院数、体育馆数、酒吧数、城市公园数、主题公园数、每百人藏书量、博物馆参观总人次、艺术表演团体国内演出观众人次、国内游客人次、入境游客人次、艺术表演团体演出场次、旅游总收入、人均可支配收入和人均交通通信费等25个指标;恩格尔系数和居民文化消费占总支出比重等2个指标处于下游位置。说明在41个城市中常州的城市文化建设整体处于中等水平,城市居民的主要文化娱乐消费方式为电影消费,而虽然其文化建设尚处于中等水平,但文化产业发展为城市的地区生产总值贡献了重要力量。

四、南通

南通是一座现代化港口城市,国家历史文化名城,致力于打造江海文化IP。从数据分析看,南通36个指标水平值区间在0~2,均值水平为0.538 9,高于均值水平的指标有14个,占指标总数的39%。具体有体育馆数、人均地区生产总值、影/剧院数、人均电影消费、文化产业增加值、每百人藏书量、人均交通通信费用、电影票房总收入、居民人均文化娱乐消费、博物馆参观总人次、高校学生数量、人均可支配收入、酒吧数、居民文化消费占总支出比重。其中,体育馆数指标水平值最高(1.515 5),其次是人均地区生产总值(1.043 5)。从中可以看出,南通文化产业规模和居民人均消费性指标情况较好,人均消费水平较高。

低于均值水平的指标有22个,占指标数量权重的61%。分别为高等院校数量、博物馆数、国家重点文物保护单位数、城镇居民每百户彩电拥有量、图书馆数、艺术表演团体国内演出观众人次、文化产业占地区生产总值比重、咖啡馆数、旅游总收入、艺术表演团体演出场次、城市公园数、城镇居民每百户电脑拥有量、城市化率、人均住房面积、国内游客人次、城市公共交通客运量、国家 4A 级及以上景区数、恩格尔系数、第三产业所占比重、主题公园数、入境游客人次、文化市场经营机构总数。从中可以看出,南通的教育发展水平、娱乐设施规模、公园景区和文化接待水平等指标较弱,说明南通文化产业发展的娱乐设施规模与居民消费性需求不匹配,文化接待发展滞后,文化利用力不强。见图 4-10。

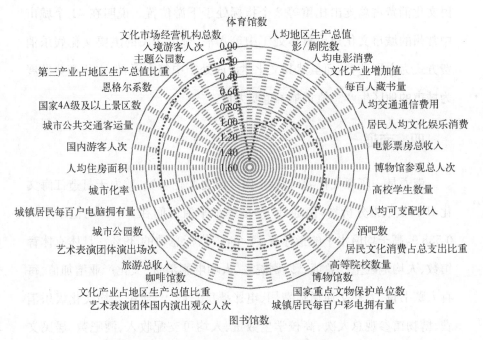

图 4-10　南通 36 个指标水平排列图

在 36 个指标中,南通的高校学生数量、城镇居民每百户彩电拥有量、影/剧院数、体育馆数、文化产业增加值和电影票房总收入等 6 个指标位于 41 个城市的上游水平;处于中游水平的有城市化率、高等院校数量、城市公共交通客运量、人均住房面积城镇居民每百户电脑拥有量、图书馆数、博物馆数、国家重点文物保护单位数、咖啡馆数、酒吧数、城市公园数、国家 4A 级及以上景区数、每百人藏书量、博物馆参观总人次、国内游客人次、入境游客人次、艺术表演团体演出场次、艺术表演团体国内演出观众人次、文化产业占地区生产总值比重、旅游总收入、恩格尔系数、居民文化消费占总支出比重、人均可支配收入、居民人均文化娱乐消费、人均交通通信费用和人均电影消费等27个指标;第三产业所占比重、文化市场经营机构总数和主题公园数等3个指标处于下游位置。说明南通整体城市文化建设相较处于弱势地位,文化市场经营机构总数量较少,但其电影业发展比较好,是其文化竞争力的优势所在。

五、徐州

徐州,简称"徐",古称彭城,江苏省辖地级市,是国务院批复确定的国家历史文化名城,全国性综合交通枢纽,淮海经济区中心城市。从数据分析看,徐州36个指标水平区间在0~2,均值水平为0.488 7。高于均值水平的指标有14个,占指标总数的39%。具体有体育馆数、博物馆参观总人次、城市公共交通客运量、高校学生数量、城市公园数、高等院校数量、主题公园数、人均地区生产总值、国家4A级及以上景区数、文化产业增加值、艺术表演团体国内演出观众人次、人均电影消费、旅游总收入、影/剧院数。其中指标水平值最高的是体育馆数(1.570 6),其次是博物馆参观总人次(1.186 5)。从中可以看出,徐州在文化竞争力中较好的指标主要集中在娱乐设施、公园和景区与文化支持力方面,这说明徐州对待城市文化建设较为重视。

低于均值水平的指标有22个,占指标数量权重的61%。分别为人均交通通信费用、酒吧数、电影票房总收入、国家重点文物保护单位数、国内游客人次、人均可支配收入、图书馆数、博物馆数、人均住房面积、城市化率、文化产业占地区生产总值比重、每百人藏书量、城镇居民每百户彩电拥有量、居民文化消费占总支出比重、城镇居民每百户电脑拥有量、第三产业所占比重、居民人均文化娱乐消费、咖啡馆数、恩格尔系数、文化市场经营机构总数、艺术表演团体演出场次、入境游客人次。从中可以看出，徐州在文化竞争力指标中表现较弱的主要是人均意义的指标、文化设施和文化接待力等方面，这充分表现出当前徐州的人均消费水平、文化设施建设规模和文化接待力方面还存在不足。见图4-11。

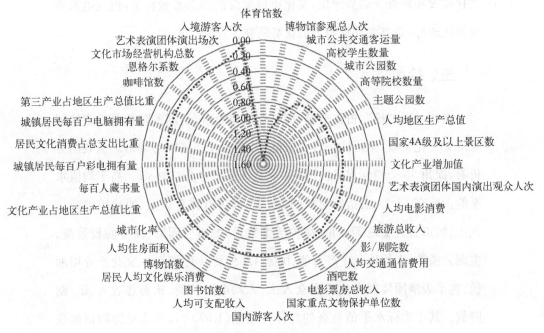

图4-11　徐州36个指标水平排列图

在36个指标中，徐州的高等院校数量、人均住房面积、城市公共交通客运量、体育馆数、博物馆参观总人次等5个指标位于41个城市的上游水平；处于中游水平的城市化率、第三产业所占比重、高校学生数量、图书馆数、博物馆数、国家重点文物保护单位数、文化市场经营机构总数、影/剧院数、咖啡馆数、酒吧数、城市公园数、国家4A级及以上景区数、主题公园数、每百人藏书量、艺术表演团体国内演出观众人次、国内游客人次、入境游客人次、艺术表演团体演出场次、文化产业增加值、文化产业增加值占地区生产总值比重、电影票房总收入、旅游总收入、恩格尔系数、人均可支配收入、人均交通通信费用和人均电影消费等 27 个指标；城镇居民每百户电脑拥有量、城镇居民每百户彩电拥有量、居民文化消费占总支出比重、居民人均文化娱乐消费等 4 指标处于下游位置，说明徐州的整体文化发展较为普通，居民对于文化消费并不热衷。

六、芜湖

芜湖自古享有"江东名邑"的美誉，是华东地区重要的工业基地、科教基地和全国综合交通枢纽。从数据分析看，芜湖 36 个指标水平值区间在 0～1，均值水平为 0.414 9。高于均值水平的指标有 15 个，占指标总数的 42%。具体有体育馆数、主题公园数、人均地区生产总值、高校学生数量、国家重点文物保护单位数、人均电影消费、人均交通通信费用、高等院校数量、入境游客人次、图书馆数、居民人均文化娱乐消费、旅游总收入、人均可支配收入、国内游客人次、每百人藏书量。其中，指标水平值最高的是体育馆数（0.992 0），其次是主题公园数（0.881 9）。从中可以看出，芜湖的教育发展水平、图书馆数、对内外文化吸引力、人均消费性指标情况较好，芜湖作为科教基地，表现出当地对教育的重视程度，也表现出芜湖对内外有着较高的旅游吸引力。

低于均值水平的指标有 21 个，占总指标数量的 58%。具体有城镇居民每百户彩电拥有量、城市化率、影/剧院数、城镇居民每百户电脑拥有量、国家 4A 级及以上景区数、文化产业占地区生产总值比重、艺术表演团体国内演出观众人次、居民文化消费占总支出比重、城市公共交通客运量、博物馆数、人均住房面积、文化产业增加值、第三产业所占比重、电影票房总收入、酒吧数、恩格尔系数、城市公园数、博物馆参观总人次、咖啡馆数、文化市场经营机构总数、艺术表演团体演出场次。从中可以发现，芜湖的文化娱乐休闲设施和景区规模、文化和旅游接待规模与收入水平、城市公共交通网络等指标情况不是很好,表明芜湖文化娱乐及相关产业的供给结构和发展规模都存在短板,具体表现为居民文化娱乐活动单一,供给不足。见图 4-12。

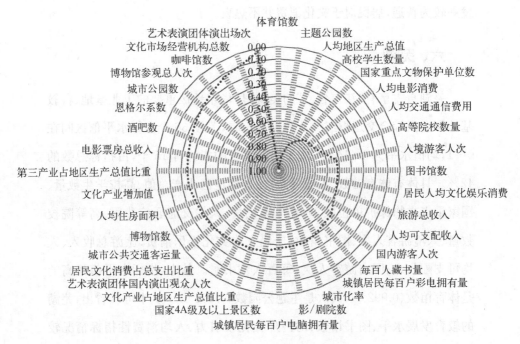

图 4-12 芜湖 36 个指标水平排列图

在 36 个指标中,芜湖的高校学生数量、体育馆数、主题公园数、入境游客人次、恩格尔系数等 5 个指标位于 41 个城市的上游水平;处于中游水平的有城市化率、第三产业所占比重、高等院校数量、城市公共交通客运量、城镇居民每百户电脑拥有量、城镇居民每百户彩电拥有量、图书馆数、博物馆数、国家重点文物保护单位数、影/剧院数、咖啡馆数、酒吧数、每百人藏书量、国内游客人次、文化产业增加值、电影票房总收入、旅游总收入、人均可支配收入、居民人均文化娱乐消费、人均交通通信费用和人均电影消费等 20 个指标;人均住房面积、文化市场经营机构总数、城市公园数、国家4A级及以上景区数、博物馆参观总人次、艺术表演团体国内演出观众人次、艺术表演团体演出场次、文化产业占地区生产总值比重和居民文化消费占总支出比重等9个指标处于下游位置。说明在41个城市中芜湖的城市文化建设整体处于中等水平,相较于国内游客,芜湖对国外的游客吸引力较大。芜湖整体城市主题公园数的建设较好,但对于居民实用性较强的城市公园数的建设却差强人意。

七、淮安

淮安位于江苏省中北部,江淮平原东部。地处长江三角洲地区,是苏北重要中心城市,南京都市圈紧密圈城市,淮河生态经济带首推城市。从数据分析看,淮安36个指标水平值区间在0～2,均值水平为0.433 1。高于均值水平的指标有15个,占指标总数的42%。具体有体育馆数、城市公共交通客运量、博物馆参观总人次、居民文化消费占总支出比重、人均地区生产总值、居民人均文化娱乐消费、国家4A级及以上景区数、人均电影消费、文化产业占地区生产总值比重、国家重点文物保护单位数、高等院校数量、图书馆数、人均可支配收入、城镇居民每百户彩电拥有量、主题公园数。其中,指标水平值最高的是体育馆数(1.074 6),其次为城市公共交通客运量(0.931 8)。从中可以看出,淮安在文化竞争力指标水平中排名较好的指标集中在人均消费性指标、公园和景区数量、城市公共交通和文化娱乐消费等方面。表明淮安城市公园数景区建设较好,居民文化消费能力和意愿较强,城市公共交通网络较好。

低于均值水平的指标有21个,占指标总数的58%。具体为城镇居民每百户电脑拥有量、文化产业增加值、高校学生数量、艺术表演团体国内演出观众人次、人均住房面积、人均交通通信费用、城市化率、文化市场经营机构总数、每百人藏书量、影/剧院数、酒吧数、艺术表演团体演出场次、电影票房总收入、旅游总收入、第三产业所占比重、恩格尔系数、博物馆数、国内游客人次、城市公园数、咖啡馆数、入境游客人次。从中可以看出,淮安的文化娱乐设施规模、教育发展水平、国内外游客人次等指标情况较弱,淮安现今的城市文化发展建设既不能满足本地人民强烈的文化需求,也缺乏对外文化吸引力。见图4-13。

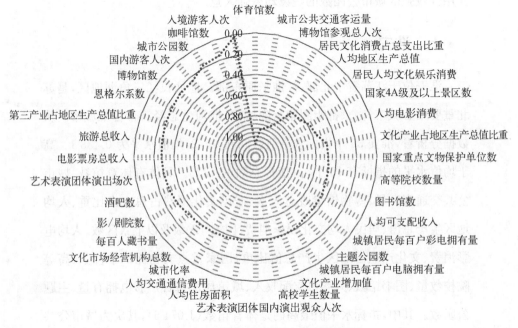

图4-13　淮安36个指标水平排列图

在36个指标中,淮安的城市公共交通客运量、体育馆数和居民文化消费占总支出比重等3个指标位于41个城市的上游水平;处于中游水平的有城市化率、第三产业所占比重、高等院校数量、高校学生数量、人均住房面积、城镇居民每百户电脑拥有量、城镇居民每百户彩电拥有量、图书馆数、国家重点文物保护单位数、文化市场经营机构总数、影/剧院数、酒吧数、咖啡馆数、国家4A级及以上景区数、主题公园数、每百人藏书量、博物馆参观总人次、艺术表演团体国内演出观众人次、艺术表演团体演出场次、文化产业增加值、文化产业占地区生产总值比重、电影票房总收入、旅游总收入、恩格尔系数、人均可支配收入、居民人均文化娱乐消费和人均电影消费等 31 个指标；博物馆数、城市公园数、国内游客人次、入境游客人次和人均交通通信费用等 5 个指标处于下游位置。说明在 41 个城市中淮安的城市文化建设整体水平中等，城市文化建设中最大的优势在于城市的交通疏通性较好，居民乐于进行文化娱乐消费，但其城市文化竞争力系统发展较为缓慢，处于中等水平，城市对内外的旅游吸引力不足。

八、绍兴

绍兴，国家历史文化名城，中国民营经济最具活力城市，国务院批复确定的我国具有江南水乡特色的文化和生态旅游城市。从数据分析看，绍兴 36 个指标水平值区间在 0～3，均值水平为 0.645 8。高于均值水平的指标有 16 个，占指标总数的 44%。具体有艺术表演团体演出场次、国家重点文物保护单位数、每百人藏书量、人均电影消费、人均地区生产总值、人均交通通信费用、博物馆数、居民人均文化娱乐消费、国内游客人次、旅游总收入、人均可支配收入、高等院校数量、博物馆参观总人次、城市公园数、主题公园数、国家 4A 级及以上景区数。其中，指标水平值最高的是艺术表演团体演出场次（2.214 7），其次为国家重点文物保护单位数（1.541 4）。从中可以看出，绍兴在文化竞争力指标水平中排名较好的指标集中在人均消费性指标、公园和景区数量、文化接待设施和收入等方面。表明绍兴居民消费能力较强，城市公园数建设较为突出，城市旅游吸引能力有明显优势。

低于均值水平的指标有 20 个，占指标总数的 56%。具体为文化产业增加值、艺术表演团体国内演出观众人次、高校学生数量、城镇居民每百

户彩电拥有量、酒吧数、文化产业占地区生产总值比重、影/剧院数、电影
票房总收入、居民文化消费占总支出比重、城镇居民每百户电脑拥有量、
城市公共交通客运量、人均住房面积、城市化率、图书馆数、咖啡馆数、体
育馆数、恩格尔系数、第三产业所占比重、文化市场经营机构总数、入境
游客人次。从中可以看出,绍兴的城市文化接待能力、公共交通网络、
文化和娱乐设施规模等指标情况不是很好,未来应加强文化娱乐设施建
设,打造多样化文化娱乐产业发展结构,满足居民的文化消费需求。见
图4-14。

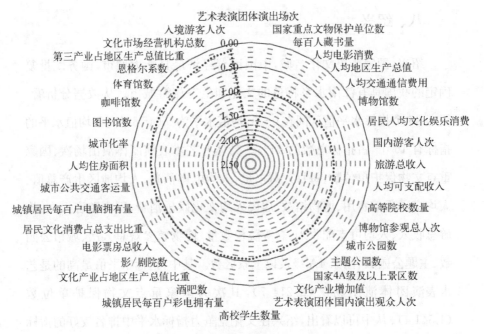

图4-14 绍兴36个指标水平排列图

在36个指标中,绍兴的高等院校数量、人均住房面积、城镇居民每百
户彩电拥有量、博物馆数、国家重点文物保护单位数、主题公园数、艺术表
演团体演出场次和人均可支配收入等8个指标位于41个城市的上游水
平;处于中游水平的有城市化率、第三产业所占比重、高校学生数量、城市

公共交通客运量、城镇居民每百户电脑拥有量、图书馆数、影/剧院数、体育馆数、酒吧数、咖啡馆数、城市公园数、国家 4A 级及以上景区数、每百人藏书量、博物馆参观总人次、艺术表演团体国内演出观众人次、国内游客人次、入境游客人次、文化产业增加值、文化产业占地区生产总值比重、电影票房总收入、旅游总收入、居民文化消费占总支出比重、居民人均文化娱乐消费人均交通通信费用和人均电影消费等 26 个指标;文化市场经营机构总数和恩格尔系数等 2 个指标处于下游位置。说明在 41 个城市中绍兴的城市文化建设整体水平适中,文化竞争力符合城市发展实力,纵观其各指标排名可以看出其文化竞争力的优势在于人均可支配收入占据上风,但城市文化娱乐设施建设水平显然稍微落后。

九、盐城

盐城拥有江苏唯一的世界自然遗产——中国黄(渤)海候鸟栖息地,是国家沿海发展和长三角一体化两大战略交汇点。从数据分析看,盐城 36 个指标水平值区间在 0~2,均值水平为 0.438 3。高于均值水平的指标有 16 个,占指标总数的 44%。具体有艺术表演团体国内演出观众人次、体育馆数、居民文化消费占总支出比重、人均地区生产总值、居民人均文化娱乐消费、国家 4A 级及以上景区数、图书馆数、城市公园数、人均电影消费、城镇居民每百户电脑拥有量、人均可支配收入、文化市场经营机构总数、影/剧院数、人均交通通信费用、主题公园数、城镇居民每百户彩电拥有量。其中,艺术表演团体国内演出观众人次最高(1.282 7),其次是体育馆数(1.074 6)。从中可以发现,盐城人均消费水平、文化设施建设规模和人均可支配收入指标水平较好,比较注重日常文化娱乐消费。

低于均值水平的指标有 20 个,占指标数量权重的 56%。分别为文化产业增加值、城市公共交通客运量、高等院校数量、博物馆参观总人次、城市化率、电影票房总收入、人均住房面积、每百人藏书量、高校学生数量、文化产业占地区生产总值比重、酒吧数、博物馆数、恩格尔系数、第三产业所占比重、艺术表演团体演出场次、咖啡馆数、国内游客人次、旅游总收入、入境游客人次、国家重点文物保护单位数。从中可以看出,盐城娱乐设施和景点景区规模、文化利用力和文化接待力水平较低,对内外游客的文化吸引力较弱,城市文化产业规模需要提升。见图4-15。

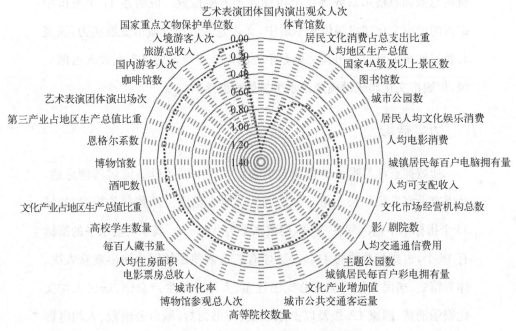

图4-15 盐城36个指标水平排列图

在36个指标中,盐城的城镇居民每百户电脑拥有量、图书馆数、体育馆数、艺术表演团体国内演出观众人次和居民文化消费占总支出比重等5个指标位于41个城市的上游水平;处于中游水平的有城市化率、第三产业所占比重、高校学生数量、高等院校数量、城市公共交通客运量、人均住房面积、城镇居民每百户彩电拥有量、博物馆数、文化市场经营机构总数、影/剧院数、咖啡馆数、酒吧数、城市公园数、国家4A级及以上景区数、主题公园数、每百人藏书量、博物馆参观总人次、国内游客人次、入境游客人次、艺术表演团体演出场次、文化产业增加值、电影票房总收入、旅游总收入、恩格尔系数、人均可支配收入、居民人均文化娱乐消费、人均交通通信费用和人均电影消费等29个指标;国家重点文物保护单位数和文化产业占地区生产总值比重等2个指标处于下游位置。说明盐城的城市文化建设整体水平中等,文化产业发展较弱,但城市居民对于文化娱乐消费有很高的热诚。

十、台州

台州是江南水乡,国务院批复确定的浙江沿海的区域性中心城市和现代化港口城市,是我国优秀旅游城市、最具魅力金融生态城市。从数据分析看,台州36个指标水平值区间在0~2,均值水平为0.580 0。高于均值水平的指标有16个,占指标总数的44%。具体有城市公园数、博物馆参观总人次、每百人藏书量、博物馆数、艺术表演团体演出场次、人均交通通信费用、国内游客人次、旅游总收入、国家重点文物保护单位数、人均电影消费、影/剧院数、人均可支配收入、居民人均文化娱乐消费、人均地区生产总值、国家4A级及以上景区数、酒吧数。其中指标水平值最高的是城市公园数(4.659 8),其次是艺术表演团体演出场次(1.412 4)。从中可以发现,台州人均消费水平、景区景点、文化和娱乐接待设施发展较好。

低于均值水平的指标有20个,占指标总数的56%。具体有城镇居民每百户电脑拥有量、图书馆数、城镇居民每百户彩电拥有量、电影票房总收入、文化产业增加值、文化市场经营机构总数、文化产业占地区生产总值比重、居民文化消费占总支出比重、人均住房面积、城市化率、咖啡馆数、高等院校数量、第三产业所占比重、恩格尔系数、主题公园数、高校学生数量、城市公共交通客运量、体育馆数、入境游客人次、艺术表演团体国内演出观众人次。从中可以看出,台州的教育发展水平、居民文化消费、文化产业收入和交通客运量指标水平较低,表现出台州需要加强对城市居民文化消费体验的宣传。见图4-16。

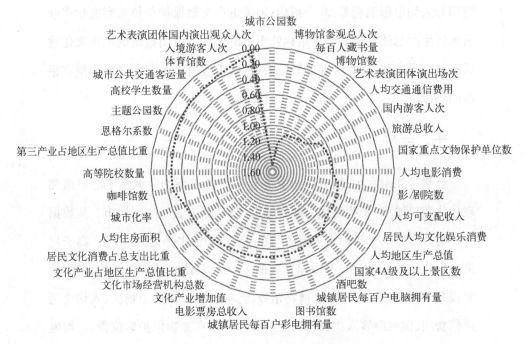

图4-16 台州36个指标水平排列图

在36个指标中,台州的城市化率、第三产业所占比重、高等院校数量、人均住房面积、城市公共交通客运量、城镇居民每百户电脑拥有量、博物馆数、国家重点文物保护单位数、影/剧院数、酒吧数、城市公园数、每百人藏书量、博物馆参观总人次、入境游客人次、人均交通通信费用等15个指标位于41个城市的上游水平;处于中游水平的有高校学生数量、城镇居民每百户彩电拥有量、图书馆数、文化市场经营机构总数、咖啡馆数、国家4A级及以上景区数、主题公园数、国内游客人次、艺术表演团体演出场次、文化产业增加值、文化产业占地区生产总值比重、电影票房总收入、旅游总收入、恩格尔系数、居民文化消费占总支出比重居民人均文化娱乐消费、人均可支配收入和人均电影消费等 19 个指标;体育馆数和艺术表演团体国内演出观众人次等 2 个指标处于下游位置。说明在 41 个城市中台州的城市文化建设整体水平处于中等水平,博物馆数、国家重点文物保护单位数等文化设施条件较好,国内旅游收入较国际旅游有优势,可能是由于近些年疫情的影响,整体城市居民对于文化娱乐消费的倾向处于中等水平。

十一、扬州

扬州是世界遗产城市、首批国家历史文化名城,有"中国运河第一城"的美誉,是南京都市圈紧密城市和长三角城市群城市,拥有独特的地理位置和优越的自然环境。从数据分析看,扬州 36 个指标水平值区间在 0～2,均值水平为 0.489 2。高于均值水平的指标 14 个,占指标总数的 39%。具体有人均地区生产总值、国家重点文物保护单位数、城市公园数、每百人藏书量、人均电影消费、艺术表演团体国内演出观众人次、居民人均文化娱乐消费、文化产业增加值、高等院校数量、人均可支配收入、影/剧院数、国内游客人次、国家 4A 级及以上景区数、城镇居民每百户彩电拥有量。其中指标水平值最高的是人均地区生产总值(1.048 1),其次是国家重点文物保护单位数(1.011 6)。从中可以看出,扬州文化接待力与文化利用力水平较高,表明扬州居民文化获得感较强。

低于均值水平的指标有 22 个,占总指标数量的 61%。分别为城市公共交通客运量、人均交通通信费用、城镇居民每百户电脑拥有量、高校学生数量、旅游总收入、酒吧数、文化产业占地区生产总值比重、居民文化消费占总支出比重、电影票房总收入、城市化率、博物馆数、人均住房面积、图书馆数、博物馆参观总人次、艺术表演团体演出场次、体育馆数、咖啡馆数、第三产业所占比重、恩格尔系数、文化市场经营机构总数、入境游客人次、主题公园数。从中可以发现,低于均值水平的指标主要体现在城市公共交通、文化和娱乐设施规模、公园数量、教育发展水平、接待能力方面,这说明扬州目前的电影、酒吧数、咖啡馆数等娱乐市场还不够活跃,文娱结合还不完善,对国内外的游客文化吸引力也比较弱。见图4-17。

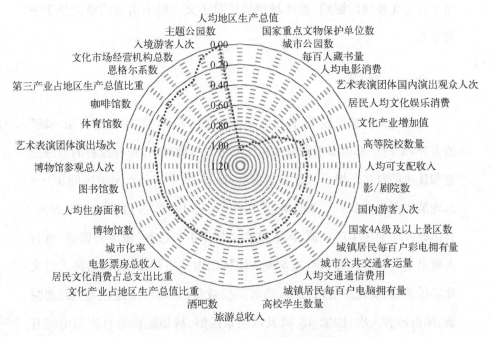

图4-17 扬州36个指标水平排列图

在36个指标中,扬州的国家重点文物保护单位数和城镇居民每百户彩电拥有量等2个指标位于41个城市的上游水平;处于中游水平的有城市化率、第三产业所占比重、高等院校数量、高校学生数量、人均住房面积、城市公共交通客运量、城镇居民每百户电脑拥有量、图书馆数、博物馆数、文化市场经营机构总数、影/剧院数、体育馆数、咖啡馆数、酒吧数、城市公园数、国家4A级及以上景区数、主题公园数、每百人藏书量、博物馆参观总人次、艺术表演团体国内演出观众人次、国内游客人次、艺术表演团体演出场次、文化产业增加值、文化产业占地区生产总值比重、电影票房总收入、旅游总收入、恩格尔系数、居民文化消费占总支出比重、人均可支配收入、居民人均文化娱乐消费、人均交通通信费用和人均电影消费等33个指标；仅入境游客人次1个指标处于下游位置。说明在41个城市中扬州的城市文化建设整体处于中等水平，居民最平常的娱乐方式以电视为主。

十二、淮南

淮南是中国能源之都、华东工业粮仓、安徽省重要的工业城市、国务院13个较大城市之一。素有"中州咽喉，江南屏障""五彩淮南"之称，是沿淮城市群的重要节点，合肥都市圈核心城市。从数据分析看，淮南36个指标水平值区间在0～1，均值水平为0.293 8。高于均值水平的指标有16个，占指标总数的44%。具体有体育馆数、主题公园数、人均交通通信费用、居民人均文化娱乐消费、图书馆数、城市公园数、居民文化消费占总支出比重、人均可支配收入、高等院校数量、国家重点文物保护单位数、城市化率、城镇居民每百户彩电拥有量、人均电影消费、高校学生数量、人均地区生产总值、城镇居民每百户电脑拥有量。其中，指标水平值最高的是体育馆数（0.840 4），其次是主题公园数（0.661 4）。从中可以看出，淮南的居民文化消费支出、教育发展水平、文化设施、公园数量、人均消费性指标情况较好，表明淮南居民有着较强的文化消费意愿。

低于均值水平的指标有20个，占总指标数量的56%。具体有人均住房面积、国家4A级及以上景区数、第三产业所占比重、城市公共交通客运量、酒吧数、恩格尔系数、文化产业占地区生产总值比重、国内游客人次、博物馆数、每百人藏书量、影/剧院数、文化市场经营机构总数、旅游总收入、电影票房总收入、博物馆参观总人次、入境游客人次、文化产业增加值、艺术表演团体国内演出观众人次、咖啡馆数、艺术表演团体演出场次。

从中可以发现,淮南的文化娱乐休闲设施和景区规模、文化接待水平、城市公共交通网络等指标情况不是很好,表明淮南现今的文化娱乐建设和发展规模都存在短板,文化娱乐供给不足。见图4-18。

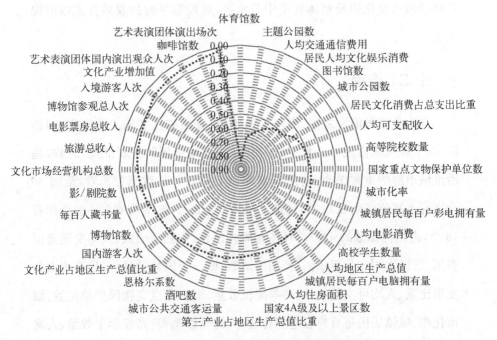

图4-18 淮南36个指标水平排列图

在36个指标中,淮南没有指标位于41个城市的上游水平;处于中游水平的有城市化率、第三产业所占比重、高等院校数量、高校学生数量、城市公共交通客运量、图书馆数、国家重点文物保护单位数、体育馆数、酒吧数、城市公园数、主题公园数、入境游客人次、恩格尔系数、居民文化消费占总支出比重、人均可支配收入、居民人均文化娱乐消费、人均交通通信费用等17个指标;人均住房面积、城镇居民每百户电脑拥有量、城镇居民每百户彩电拥有量、博物馆数、文化市场经营机构总数、影/剧院数、咖啡馆数、国家4A级及以上景区数、每百人藏书量、博物馆参观总人次、艺术表演团体国内演出观众人次、国内游客人次、艺术表演团体演出场次、文化产业增加值、文化产业占地区生产总值比重、电影票房总收入、旅游总收入和人均电影消费等19个指标处于下游位置。说明在41个城市中淮南的城市文化建设整体处于偏下水平,城市文化整体竞争力较弱,文化产业发展急需加强。

十三、连云港

连云港不仅是新亚欧大陆桥东方桥头堡、全国性综合交通枢纽,具有海运、陆运相结合的优势,还是江苏省历史文化名城、海上丝绸之路申遗城市。从数据分析看,连云港36个指标水平值区间在0~1,均值水平为0.310 7。高于均值水平的指标20个,占指标总数的56%。具体有人均地区生产总值、每百人藏书量、艺术表演团体国内演出观众人次、人均电影消费、国家重点文物保护单位数、文化产业占地区生产总值比重、图书馆数、城镇居民每百户电脑拥有量、人均可支配收入、居民文化消费占总支出比重、人均住房面积、国家4A级及以上景区数、城镇居民每百户彩电拥有量、城市化率、旅游总收入、城市公共交通客运量、高等院校数量、人均交通通信费用、居民人均文化娱乐消费、酒吧数。其中指标水平值最高的是人均地区生产总值(0.565 5),其次是每百人藏书量(0.469 2)。从中可以看出,连云港的人均消费水平、城市公共交通、文化接待设施和文化消费力水平较高,表明连云港城市公共交通较好,且居民乐于文化消费支出,对于城市文化建设比较支持。

低于均值水平的指标有16个,占总指标数量的44%。分别为体育馆数、国内游客人次、文化产业增加值、影/剧院数、高校学生数量、第三产业所占比重、恩格尔系数、博物馆参观总人次、博物馆数、主题公园数、城市公园数、电影票房总收入、艺术表演团体演出场次、文化市场经营机构总数、咖啡馆数、入境游客人次。从中可以发现,低于均值水平的指标主要体现在文化和娱乐设施规模、公园数量、教育发展水平、接待能力方面,这说明连云港目前的教育发展水平、娱乐设施规模和对内外文化吸引力较弱,需要加强娱乐设施的建设,增强城市对内外的文化吸引力。见图4-19。

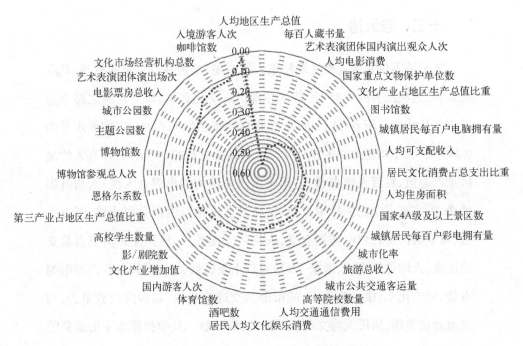

图4-19 连云港36个指标水平排列图

在36个指标中,连云港无指标位于41个城市的上游水平;处于中游水平的有城市化率、高等院校数量、高校学生数量、人均住房面积、城市公共交通客运量、城镇居民每百户彩电拥有量、图书馆数、城镇居民每百户电脑拥有量、国家重点文物保护单位数、影/剧院数、体育馆数、咖啡馆数、酒吧数、城市公园数、国家4A级及以上景区数、每百人藏书量、博物馆参观总人次、艺术表演团体国内演出观众人次、国内游客人次、艺术表演团体演出场次、文化产业增加值、文化产业占地区生产总值比重、电影票房总收入、旅游总收入、恩格尔系数、居民文化消费占总支出比重和人均电影消费等 28 个指标;第三产业所占比重、博物馆数、文化市场经营机构总数、主题公园数、入境游客人次、人均可支配收入、居民人均文化娱乐消费和人均交通通信费用等 8 个指标处于下游位置。说明在 41 个城市中连云港的城市文化建设整体处于中下水平,居民的文化娱乐消费观念不强,第三产业发展相对较弱。

十四、阜阳

阜阳,简称阜,古称汝阴、顺昌、颍州,位于长江三角洲地区。阜阳位居大京九经济协作带,是东部地区产业转移过渡带、中原经济区东部门户城市。从数据分析看,阜阳 36 个指标水平值区间在 0～2,均值水平为 0.324 4。高于均值水平的指标有 13 个,占指标总数的 36%。具体有文化市场经营机构总数、城市公园数、体育馆数、艺术表演团体国内演出观众人次、文化产业占地区生产总值比重、图书馆数、居民文化消费占总支出比重、居民人均文化娱乐消费、主题公园数、人均交通通信费用、城镇居民每百户彩电拥有量、人均可支配收入、高等院校数量。其中,指标水平值最高的是文化市场经营机构总数(1.162 8),其次是城市公园数(0.851 2)。从中可以看出,阜阳的文化消费规模和结构、文化设施、城市公园数在各指标中排名较为靠前,表明阜阳的居民乐于产生文化消费,居民向往高水平、精神文化层面的生活。

阜阳低于均值水平的指标有 23 个,占总指标数量的 64%。分别为城镇居民每百户电脑拥有量、人均住房面积、人均电影消费、影/剧院数、酒吧数、国家 4A 级及以上景区数、文化产业增加值、人均地区生产总值、第三产业所占比重、城市化率、电影票房总收入、博物馆数、恩格尔系数、高校学生数量、国内游客人次、城市公共交通客运量、旅游总收入、每百人藏书量、咖啡馆数、国家重点文物保护单位数、博物馆参观总人次、艺术表演团体演出场次、入境游客人次。从中可以发现,阜阳文化竞争力的指标中较弱的主要是人均意义上的消费性指标、文化产业规模、旅游接待人次、文化支持力,反映出阜阳人均消费水平较低,文化产业不能满足人民的美好生活期望,有待提高。见图 4-20。

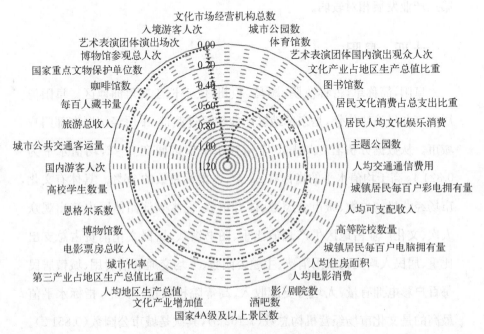

图 4-20　阜阳 36 个指标水平排列图

在 36 个指标中,阜阳的文化市场经营机构总数和恩格尔系数等 2 个指标位于 41 个城市的上游水平;处于中游水平的有第三产业所占比重、高等院校数量、高校学生数量、人均住房面积、城市公共交通客运量、城镇居民每百户彩电拥有量、图书馆数、博物馆数、影/剧院数、体育馆数、酒吧数、城市公园数、国家 4A 级及以上景区数、主题公园数、艺术表演团体国内演出观众人次、国内游客人次、入境游客人次、文化产业增加值、文化产业占地区生产总值比重、电影票房总收入、居民人均文化娱乐消费等 22 个指标;城市化率、城镇居民每百户电脑拥有量、国家重点文物保护单位数、咖啡馆数、每百人藏书量、博物馆参观总人次、艺术表演团体演出场次、旅游总收入、人均可支配收入、居民文化消费占总支出比重、人均交通通信费用和人均电影消费等 12 个指标处于下游位置。说明在总体城市排名中阜阳的城市文化竞争力整体水平中等偏下，城市文化建设相较落后。

第六节　中等城市文化竞争力指标分析

常住人口规模在 50 万以上 100 万以下的城市为中等城市，符合这一标准的有湖州、蚌埠、嘉兴、泰州、镇江、宿迁、金华、安庆、马鞍山、淮北、舟山、六安、宿州、滁州和铜陵 15 个城市。从城市地域分布看，浙江省有湖州、嘉兴、金华、舟山 4 个城市，江苏省有泰州、镇江、宿迁 3 个城市，安徽省有蚌埠、安庆、马鞍山、淮北、六安、宿州、滁州和铜陵 8 个城市。对 15 个中等大城市 36 个指标属性的特征分析如下。

一、湖州

湖州是一座有 2 300 多年历史的江南古城，国家历史文化名城。从数据分析可以看出，湖州 36 个指标水平值区间在 0～3，均值水平为 0.609 5。高于均值水平的指标有 17 个，占指标总数的 47％。具体有艺术表演团体演出场次、国家重点文物保护单位数、城市公园数、人均交通通信费用、人均电影消费、主题公园数、旅游总收入、国内游客人次、人均地区生产总值、居民人均文化娱乐消费、文化市场经营机构总数、国家 4A 级及以上景区数、每百人藏书量、博物馆数、人均可支配收入、文化产业占地区生产总值比重、体育馆数。其中，指标水平值最高的是艺术表演团体演出场次（2.245 7），其次为国家重点文物保护单位数（1.396 9）。从中可以看出，湖州演出场次、人均消费性指标、文化设施规模、公园景区和旅游接待人次规模等指标较好,充分说明湖州居民文化消费能力较强,城市公园数建设较好,比较具有城市旅游吸引力。

低于均值水平的指标有 19 个,占指标总数的 53%。具体有城镇居民每百户彩电拥有量、酒吧数、城镇居民每百户电脑拥有量、居民文化消费占总支出比重、博物馆参观总人次、文化产业增加值、影/剧院数、城市化率、咖啡馆数、图书馆数、人均住房面积、电影票房总收入、恩格尔系数、第三产业所占比重、入境游客人次、高等院校数量、城市公共交通客运量、高校学生数量、艺术表演团体国内演出观众人次。从中可以看出,湖州的教育发展水平、城市化进程、娱乐设施建设规模以及文化产业收入情况不容乐观,表明当前湖州的文化娱乐产业发展存在一些薄弱环节,与居民和游客的消费需求尚不匹配。见图 4-21。

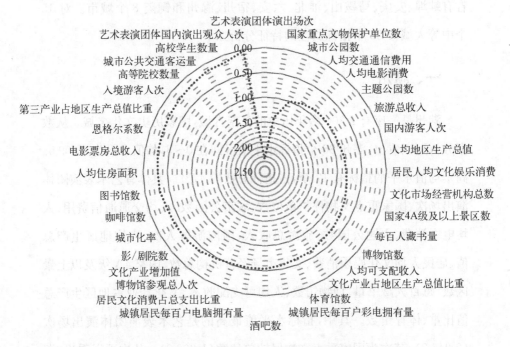

图 4-21 湖州 36 个指标水平排列图

在 36 个指标中,湖州的城镇居民每百户电脑拥有量、城镇居民每百户彩电拥有量、国家重点文物保护单位数、文化市场经营机构总数、城市公园数、主题公园数、国内游客人次、艺术表演团体演出场次、文化产业占地区生产总值比重、旅游总收入、居民人均文化娱乐消费和人均交通通信费用等 12 个指标位于 41 个城市的上游水平;处于中游水平的有城市化率、高等院校数量、人均住房面积、城市公共交通客运量、博物馆数、影/剧院数、体育馆数、咖啡馆数、酒吧数、国家 4A 级及以上景区数、每百人藏书量、博物馆参观总人次、入境游客人次、文化产业增加值、电影票房总收入、恩格尔系数、居民文化消费占总支出比重、人均可支配收入和人均电影消费等 20 个指标;第三产业所占比重、高校学生数量、图书馆数、艺术表演团体国内演出观众人次等 4 个指标处于下游位置。说明在 41 个城市中湖州的城市文化建设整体处于中等偏上水平,数据表明湖州拥有较多的具有天然优势的国家重点文物保护单位数,还有较多的城市公园数、主题公园数等居民日常文化娱乐设施,这为城市居民的文化娱乐消费提供了物质基础,且文化产业在湖州占据着重要的地位,其旅游发展也较为成功,虽然城市注重开展艺术表演团体的演出,但居民对此的热情却比较低,但其整体城市文化发展较好。

二、蚌埠

蚌埠,别称珠城,安徽省重要的综合性工业基地,全国性综合交通枢纽。史载蚌埠“古乃采珠之地”,故素有“珍珠城”的美誉,素有禹会诸侯地,淮上明珠城之称。从数据分析看,蚌埠 36 个指标水平值区间在 0～3,均值水平为 0.340 3。高于均值水平的指标有 12 个,占指标总数的33％。具体有艺术表演团体国内演出观众人次、体育馆数、文化产业占地区生产总值比重、人均地区生产总值、居民文化消费占总支出比重、人均交通通信费用、人均电影消费、国家重点文物保护单位数、人均可支配收入、图书馆数、居民人均文化娱乐消费、城镇居民每百户彩电拥有量。其中,指标水平值最高的是艺术表演团体国内演出观众人次(2.060 9),其次是体育馆数(0.840 4)。从中可以看出,蚌埠的居民在消费结构及文化消费支出性指标情况较好,表明蚌埠居民乐于进行文化娱乐消费。

低于均值水平的指标有 24 个,占总指标数量的 67%。具体有高校学生数量、国内游客人次、城市化率、城市公园数、高等院校数量、人均住房面积、城市公共交通客运量、城镇居民每百户电脑拥有量、第三产业所占比重、主题公园数、酒吧数、文化产业增加值、恩格尔系数、旅游总收入、影/剧院数、国家 4A 级及以上景区数、电影票房总收入、每百人藏书量、博物馆参观总人次、入境游客人次、文化市场经营机构总数、博物馆数、咖啡馆数、艺术表演团体演出场次。从中可以发现,蚌埠的教育文化发展水平、文化娱乐休闲设施、公园景区规模、文化接待水平、城市公共交通网络等指标比较弱,表明蚌埠现今的城市文化还在起步期,现有文化与娱乐设施不能满足人民群众的需求,城市整体文化建设需要尽快提升。见图 4-22。

在 36 个指标中,蚌埠的艺术表演团体国内演出观众人次和恩格尔系数 2 个指标位于 41 个城市的上游水平;处于中游水平的有城市化率、第三产业所占比重、高等院校数量、高校学生数量、人均住房面积、城市公共交通客运量、图书馆数、国家重点文物保护单位数、体育馆数、酒吧数、城市公园数、主题公园数、国内游客人次、入境游客人次、文化产业增加值、文化产业占地区生产总值比重、电影票房总收入、居民文化消费占总支出比重、人均可支配收入、人均交通通信费用和人均电影消费等 22 个指标;城镇居民每百户电脑拥有量、城镇居民每百户彩电拥有量、博物馆数、文

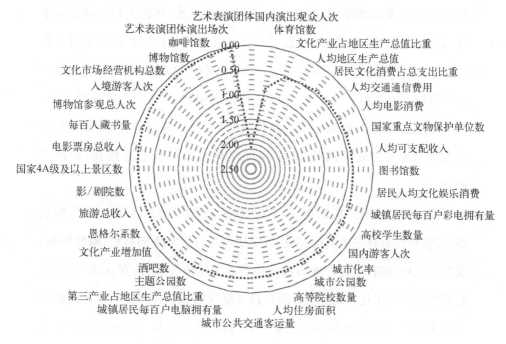

图 4 - 22　蚌埠 36 个指标水平排列图

化市场经营机构总数、影/剧院数、咖啡馆数、国家 4A 级及以上景区数、每百人藏书量、博物馆参观总人次、艺术表演团体演出场次、旅游总收入和居民人均文化娱乐消费等 12 个指标处于下游位置。说明在 41 个城市中蚌埠的城市文化建设整体处于中等水平,数据显示蚌埠居民对于艺术表演较为热情,但总体文化消费力却偏低,城市的旅游吸引力中等。

三、嘉兴

嘉兴,国家历史文化名城,素有"鱼米之乡""丝绸之府"的美誉,是国务院批复确定的具有江南水乡特色的旅游城市。从数据分析看,嘉兴 36 个指标水平值区间在 0~2,均值水平为 0.600 0。高于均值水平的指标有 13 个,占指标总数的 36%。具体有每百人藏书量、城市公园数、博物馆参观总人次、人均交通通信费用、酒吧数、国家重点文物保护单位数、人均地区生产总值、博物馆数、旅游总收入、国内游客人次、居民人均文化娱乐消费、人均可支配收入、体育馆数。其中,每百人藏书量的指标水平值最高(1.588 4),其次为城市公园数(1.463 1)。从中可以看出,嘉兴文化竞争力水平值较高的指标有文化娱乐设施规模、接待人次以及人均消费水平。嘉兴境内的古镇多,南湖、乌镇、西塘三个5A级景区吸引大量国内游客,娱乐休闲场所主要为酒吧数,居民的文化娱乐消费能力较强,归属感较强。

低于均值水平的指标有23个,占指标总数的64%。具体为影/剧院数、城镇居民每百户电脑拥有量、城镇居民每百户彩电拥有量、咖啡馆数、文化产业增加值、文化产业占地区生产总值比重、入境游客人次、居民文化消费占总支出比重、主题公园数、高等院校数量、城市化率、艺术表演团体演出场次、国家4A级及以上景区数、高校学生数量、人均电影消费、人均住房面积、图书馆数、恩格尔系数、文化市场经营机构总数、第三产业所占比重、城市公共交通客运量、电影票房总收入、艺术表演团体国内演出观众人次。从中可以发现,嘉兴的教育发展水平、文化产业规模和结构、电影收入和入境游客人次等指标水平较低,表明嘉兴的文化娱乐产业供给能力不足,对外文化吸引力较弱。见图4-23。

在36个指标中,嘉兴的城镇居民每百户电脑拥有量、城镇居民每百户彩电拥有量、咖啡馆数、酒吧数、城市公园数、每百人藏书量、博物馆参观总人次、人均可支配收入、人均交通通信费用等9个指标位于41个城市的上游水平;处于中游水平的有城市化率、高等院校数量、高校学生数量、人均住房面积、城市公共交通客运量、博物馆数、国家重点文物保护单位数、文化市场经营机构总数、影/剧院数、体育馆数、国家4A级及以上景区数、主题公园数、艺术表演团体国内演出观众人次、国内游客人次、入境游客人次、文化产业增加值、文化产业占地区生产总值比重、电影票房总

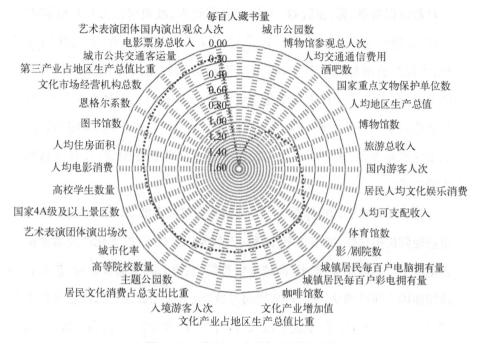

图 4-23　嘉兴 36 个指标水平排列图

收入、旅游总收入、居民文化消费占总支出比重和居民人均文化娱乐消费

等 22 个指标;第三产业所占比重、图书馆数、艺术表演团体演出场次、恩

格尔系数和人均电影消费等 5 个指标处于下游位置。说明在 41 个城市

中嘉兴的城市文化建设整体处于中等水平,城市居民的文化娱乐方式为

传统的电视电脑,比较重视文化涵养。

四、泰州

泰州是国家历史文化名城,江苏长江经济带重要组成部分。从数据

分析看,泰州 36 个指标水平值区间在 0~1,均值水平为 0.399 2。高于

均值水平的指标有 16 个,占指标总数的 44%。具体有人均地区生产总

值、居民人均文化娱乐消费、居民文化消费占总支出比重、人均电影消

费、博物馆参观总人次、每百人藏书量、人均交通通信费用、城镇居民每

百户彩电拥有量、影/剧院数、人均可支配收入、城镇居民每百户电脑拥有量、高等院校数、博物馆数、国家重点文物保护单位数、人均住房面积、文化产业增加值。其中,指标水平值最高的是人均地区生产总值(0.900 7),其次为居民人均文化娱乐消费(0.658 0)。从中可以看出,泰州文化竞争力水平中较为突出的指标为人均消费水平、文化设施和居民的文化娱乐消费,表明泰州的居民乐于进行文化娱乐消费,有着较高的生活追求。

低于均值水平的指标有 20 个,占指标数量权重的 56%。分别为文化市场经营机构总数、城市化率、国家 4A 级及以上景区数、文化产业增加值占地区生产总值比重、图书、高校学生数量、城市公共交通客运量、艺术表演团体国内演出观众人次、电影票房总收、城市公园数、酒吧数、恩格尔系数、第三产业所占比重、旅游总收入、体育馆数、咖啡馆数、国内游客人次、艺术表演团体演出场次、入境游客人次、主题公园数。从中可以看出,泰州的公共交通网络、娱乐设施规模水平、旅游接待人次规模和文化产业收入发展较弱,反映出泰州缺乏多样性的文化娱乐相关产业的供给体系,不能满足城市居民的美好生活需要,一定程度上制约了城市的旅游吸引力和文化竞争力。见图 4-24。

在 36 个指标中,泰州的人均住房面积、城镇居民每百户彩电拥有量和居民文化消费占总支出比重等 3 个指标位于 41 个城市的上游水平;处于中游水平的有城市化率、高等院校数量、高校学生数量、城市公共交通客运量、城镇居民每百户电脑拥有量、博物馆数、国家重点文物保护单位数、文化市场经营机构总数、影/剧院数、咖啡馆数、酒吧数、城市公园数、国家 4A 级及以上景区数、每百人藏书量、博物馆参观总人次、艺术表演团体国内演出观众人次、艺术表演团体演出场次、文化产业增加值、文化产业占地区生产总值比重、电影票房总收入、旅游总收入、恩格尔系数、人均

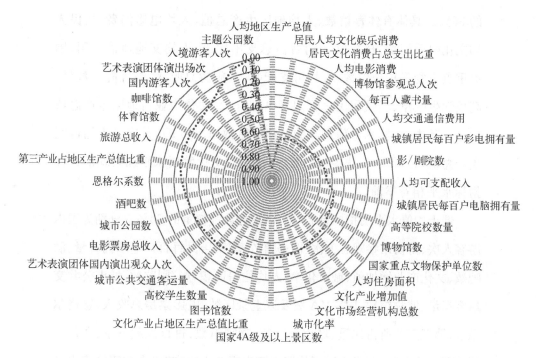

图 4 - 24　泰州 36 个指标水平排列图

可支配收入、居民人均文化娱乐消费、人均交通通信费用和人均电影消费等 27 个指标;第三产业所占比重、图书馆数、体育馆数、主题公园数、国内游客人次和入境游客人次等 6 个指标处于下游位置。说明在 41 个城市中泰州的城市文化建设整体处于中等水平,居民最平常的娱乐方式为电视,比较注重文化娱乐消费,城市的旅游设施建设处于中等但其旅游吸引力却较弱,值得引起注意。

五、镇江

镇江是我国长三角地区重要的港口城市,华东地区重要的交通枢纽,国家历史文化名城。从数据分析看,镇江 36 个指标水平值区间在 0～2,均值水平为 0.470 8。高于均值水平的指标有 13 个,占指标总数的 36%。具体有体育馆数、人均地区生产总值、人均电影消费、居民人均文化娱乐消费、居民文化消费占总支出比重、人均交通通信费用、国家重点文物保护单位数、人均可支配收入、旅游总收入、高等院校数量、高校学生数量、城镇居民每百户彩电拥有量、文化产业占地区生产总值比重。其中,指标水平值最高的是体育馆数(1.859 9),其次是人均地区生产总值(1.049 1)。从中可以看出,镇江的文化发展水平和人均消费性指标水平相对靠前。

低于均值水平的指标有 23 个,占指标数量权重的 64%。分别为国内游客人次、博物馆参观总人次、图书馆数、城镇居民每百户电脑拥有量、酒吧数、文化产业增加值、城市化率、人均住房面积、影/剧院数、城市公共交通客运量、博物馆数、国家 4A 级及以上景区数、电影票房总收入、恩格尔系数、第三产业所占比重、城市公园数、咖啡馆数、每百人藏书量、文化市场经营机构总数、艺术表演团体国内演出观众人次、艺术表演团体演出场次、入境游客人次、主题公园数。这些指标主要反映的是城市的公共交通、文化娱乐和景区公园等设施规模、接待人次以及文化产业规模在文化竞争力方面为弱势指标。镇江境内有京沪铁路、沪宁高铁、312 国道等通达全国很多主要城市,但在城市内公共交通方面仍有所欠缺。此外镇江的现有娱乐设施规模较小,对外文化吸引力方面较弱,一定程度上阻碍了城市的文化活力与竞争力。见图 4-25。

在 36 个指标中,镇江的城市化率、人均住房面积、城镇居民每百户彩电拥有量、体育馆数、咖啡馆数、居民文化消费占总支出比重和居民人均文化娱乐消费等 7 个指标位于 41 个城市的上游水平;处于中游水平的有第三产业所占比重、高等院校数量、高校学生数量、城市公共交通客运量、城镇居民每百户电脑拥有量、图书馆数、博物馆数、国家重点文物保护单位数、文化市场经营机构总数、影/剧院数、酒吧数、城市公园数、国家 4A

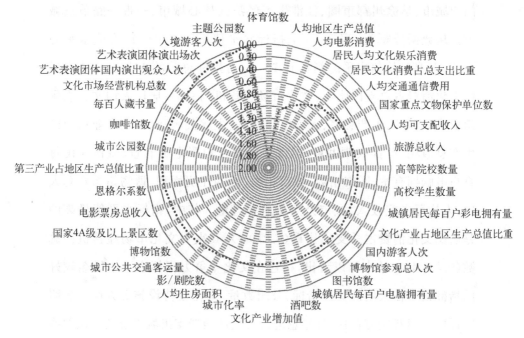

图 4-25　镇江 36 个指标水平排列图

级及以上景区数、博物馆参观总人次、国内游客人次、入境游客人次、艺术表演团体演出场次、文化产业增加值、文化产业增加值占地区生产总值比重、电影票房总收入、旅游总收入、恩格尔系数、人均可支配收入、人均交通通信费用和人均电影消费等 26 个指标；主题公园数、每百人藏书量和艺术表演团体国内演出观众人次等 3 个指标处于下游位置。说明在 41 个城市中镇江的城市文化建设整体处于中等水平，居民的文化消费占总支出比重和人均文化娱乐消费在 41 个城市中均占据前排，居民乐于进行文化娱乐消费。

六、宿迁

宿迁，简称宿，别称水城，是长三角北翼区域性综合交通枢纽，地处徐州、连云港、淮安中心地带，是江苏省沿海地区向中西部辐射的重要门户城市,是徐州都市圈、江淮生态经济区核心城市、一带一路节点城市。从数据分析看,宿迁 36 个指标水平值区间在 0～1,均值水平为 0.313 6。高于均值水平的指标有 16 个,占指标总数的 44%。具体有居民文化消费占总支出比重、文化市场经营机构总数、居民人均文化娱乐消费、人均地区生产总值、人均电影消费、主题公园数、文化产业占地区生产总值比、每百人藏书量、城镇居民每百户彩电拥有量、城镇居民每百户电脑拥有量、图书馆数、城市化率、人均住房面积、博物馆参观总人次、人均可支配收入、城市公共交通客运量。其中,指标水平值最高的是居民文化消费占总支出比重(0.910 0),其次为文化市场经营机构总数(0.704 4)。从中可以看出,宿迁在文化竞争力指标水平中排名较好的指标集中在人均消费性指标、公园数量、文化接待设施等方面。表明宿迁居民消费能力较强,且愿意进行文化性消费支出城市公共交通网络较好。

低于均值水平的指标有 20 个,占指标总数的 56%。具体为国家 4A 级及以上景区数、人均交通通信费用、博物馆数、文化产业增加值、酒吧数、影/剧院数、第三产业所占比重、城市公园数、电影票房总收入、恩格尔系数、体育馆数、高等院校数量、旅游总收入、艺术表演团体国内演出观众人次、国内游客人次、咖啡馆数、高校学生数量、艺术表演团体演出场次、国家重点文物保护单位数、入境游客人次。从中可以看出,宿迁的城市文化支持力、文化吸引力、文化接待力等指标情况均不是很好,未来应加强城市文化娱乐设施建设,弥补城市建设的短板。见图 4-26。

在 36 个指标中,宿迁的文化市场经营机构总数、恩格尔系数和居民文化消费占总支出比重等 3 个指标位于 41 个城市的上游水平;处于中游水平的有城市化率、第三产业所占比重、人均住房面积、城市公共交

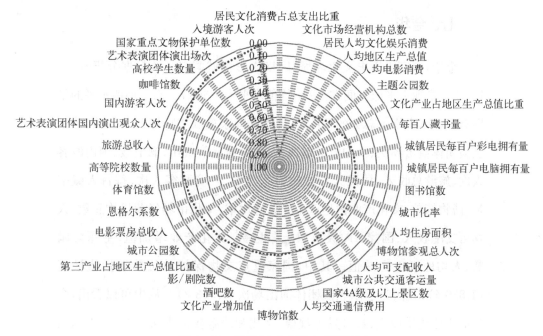

图 4-26　宿迁 36 个指标水平排列图

通客运量、城镇居民每百户电脑拥有量、城镇居民每百户彩电拥有量、博物馆数、国家重点文物保护单位数、影/剧院数、酒吧数、咖啡馆数、城市公园数、主题公园数、每百人藏书量、博物馆参观总人次、艺术表演团体演出场次、文化产业增加值、文化产业占地区生产总值比重、电影票房总收入、居民人均文化娱乐消费和人均电影消费等 22 个指标;高等院校数量、高校学生数量、图书馆数、体育馆数、国家 4A 级及以上景区数、艺术表演团体国内演出观众人次、国内游客人次、入境游客人次、旅游总收入、人均可支配收入和人均交通通信费用等 11 个指标处于下游位置。说明在 41 个城市中宿迁的城市文化建设整体水平中等偏下,城市中有较多的文化市场经营机构,居民也乐于进行文化娱乐消费,但其城市文化支持力、文化接待力等未发展起来,城市的旅游发展整体较差。

七、金华

金华,国家级历史文化名城,因横店影视城闻名。从数据分析看,金华 36 个指标水平值区间在 0~2,均值水平为 0.658 7。高于均值水平的指标有 18 个,占指标总数的 50%。具体有国家重点文物保护单位数、艺术表演团体演出场次、人均电影消费、人均交通通信费用、酒吧数、国内游客人次、旅游总收入、居民人均文化娱乐消费、入境游客人次、每百人藏书量、博物馆数、文化产业占地区生产总值比重、文化市场经营机构总数、人均可支配收入、国家 4A 级及以上景区数、文化产业增加值、主题公园数、人均地区生产总值。其中,国家重点文物保护单位数指标值最高(1.830 4),其次为艺术表演团体演出场次(1.543 2)。从中可以看出,金华的文化娱乐设施、景区景点规模、文化和旅游接待人次、文化及人均消费指标情况较好,反映出金华的城市文化发展情况较好,文化娱乐设施与活动能够基本满足居民需求,居民也乐于进行文化娱乐消费,同时金华对外旅游吸引力水平也比较高。

低于均值水平的指标有 18 个,同样占指标总数的 50%。分别为影/剧院数、电影票房总收入、图书馆数、博物馆参观总人次、高等院校数量、艺术表演团体国内演出观众人次、咖啡馆数、居民文化消费占总支出比重、城镇居民每百户彩电拥有量、人均住房面积、高校学生数量、城市化率、城镇居民每百户电脑拥有量、第三产业所占比重、城市公园数、恩格尔系数、城市公共交通客运量、体育馆数。从中可以发现,金华的教育发展水平、影剧院发展、城市公共交通发展能力较弱,表明金华的文化消费突破传统的影剧院活动,转而向其他更为多样的休闲活动,但城市交通发展不能与当今城市建设发展的步伐相匹配,文化产业创收能力也不是很强。见图 4-27。

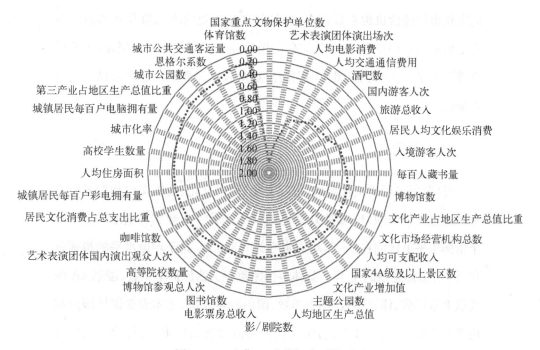

图 4 - 27　金华 36 个指标水平排列图

在 36 个指标中,金华的人均住房面积、文化市场经营机构总数、主题公园数和艺术表演团体国内演出观众人次等 4 个指标位于 41 个城市的上游水平;处于中游水平的有第三产业所占比重、高校学生数量、国家重点文物保护单位数、体育馆数、酒吧数、城市公园数、入境游客人次、艺术表演团体演出场次、文化产业增加值和恩格尔系数等 10 个指标;城市化率、高等院校数量、城市公共交通客运量、城镇居民每百户电脑拥有量、城镇居民每百户彩电拥有量、图书馆数、博物馆数、影/剧院数、咖啡馆数、国家 4A 级及以上景区数、每百人藏书量、博物馆参观总人次、国内游客人次、文化产业占地区生产总值比重、电影票房总收入、旅游总收入、居民文化消费占总支出比重、人均可支配收入、居民人均文化娱乐消费、人均交通通信费用和人均电影消费等 22 个指标处于下游位置。说明在 41 个城市中金华的城市文化建设整体水平偏下,文化竞争力较低,虽然其城市内的文化市场经营机构总数较多,但是其文化产业的增加值及其占地区生产总值的比重却较低,说明其文化市场的经营管理存在一定问题,需要提高管理水平。艺术表演团体国内演出观众人次又显示出金华人民对艺术表演的热爱。

八、安庆

安庆,国家历史文化名城,古皖文化、禅宗文化、戏剧文化和桐城派文化在这里交相辉映,形成独具特色的安庆文化。从数据分析看,安庆36个指标水平值区间在0~1,均值水平为0.330 7。高于均值水平的指标有16个,占指标总数的44%。具体有国家重点文物保护单位数、国家4A级及以上景区数、体育馆数、图书馆数、国内游客人次、艺术表演团体国内演出观众人次、旅游总收入、居民文化消费占总支出比重、人均地区生产总值、每百人藏书量、博物馆数、人均可支配收入、居民人均文化娱乐消费、城镇居民每百户电脑拥有量、文化产业占地区生产总值比重、人均住房面积。其中,指标水平值最高的是国家重点文物保护单位数(0.770 7),其次为国家4A级及以上景区数(0.751 5)。从中可以看出,安庆的文化设施和景区公园规模水平较高,充分说明安庆有深厚的文化底蕴,文化建设水平较好。

低于均值水平的指标有20个,占指标总数的56%。分别为高等院校数量、城镇居民每百户彩电拥有量、人均交通通信费用、城市化率、人均电影消费、第三产业所占比重、影/剧院数、恩格尔系数、高校学生数量、主题公园数、入境游客人次、文化市场经营机构总数、艺术表演团体演出场次、博物馆参观总人次、文化产业增加值、酒吧数、电影票房总收入、城市公共交通客运量、城市公园数、咖啡馆数。从中可以看出,安庆在人均意义性指标、教育发展水平、娱乐设施和接待人次规模等方面发展较弱,表明安庆虽有好的文化底蕴,但文化产业发展尚不成熟,没能够充分利用现有的文化资源,娱乐产业发展较为薄弱,没有很好将文娱产业相结合,整体城市文化建设有待提升。见图4-28。

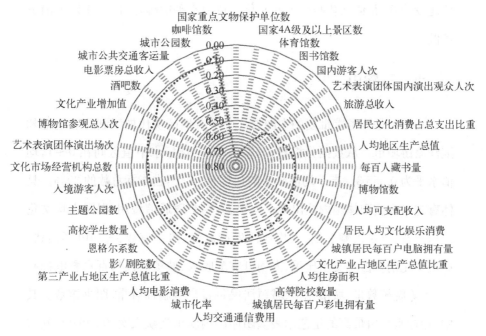

图4-28　安庆36个指标水平排列图

在36个指标中,安庆的图书馆数和恩格尔系数等2个指标位于41个城市的上游水平;处于中游水平的有高等院校数量、高校学生数量、人均住房面积、博物馆数、国家重点文物保护单位数、文化市场经营机构总数、影/剧院数、体育馆数、国家4A级及以上景区数、每百人藏书量、博物馆参观总人次、艺术表演团体国内演出观众人次、国内游客人次、入境游客人次、艺术表演团体演出场次、文化产业增加值和旅游总收入等17个指标;城市化率、第三产业所占比重、城市公共交通客运量、城镇居民每百户电脑拥有量、城镇居民每百户彩电拥有量、咖啡馆数、酒吧数、城市公园数、主题公园数、文化产业占地区生产总值比重、电影票房总收入、居民文化消费占总支出比重、人均可支配收入、居民人均文化娱乐消费、人均交通通信费用和人均电影消费等 17 个指标处于下游位置。说明在 41 个城市中安庆的城市文化建设整体处于中等偏下水平,城市文化建设中图书馆数建设较好,整体文化吸引力和文化支持力水平中等,居民文化娱乐消费较低。

九、马鞍山

马鞍山是国务院批复的中国长江中下游地区现代加工制造业基地和滨江旅游城市。从数据分析看,马鞍山 36 个指标水平值区间在 0～1,均值水平为 0.355 3。高于均值水平的指标有 14 个,占指标总数的 39%。具体有艺术表演团体国内演出观众人次、人均交通通信费用、居民人均文化娱乐消费、每百人藏书量、人均地区生产总值、体育馆数、人均电影消费、居民文化消费占总支出比重、人均可支配收入、城镇居民每百户彩电拥有量、高等院校数量、城市化率、城镇居民每百户电脑拥有量、图书馆数。其中,指标水平值最高的是艺术表演团体国内演出观众人次(0.879 4),其次是人均交通通信费用(0.869 1)。从中可以看出,马鞍山人均意义性指标水平及文化消费值水平普遍较好,表明当地居民的休闲文化消费需求相对旺盛。

低于均值水平的指标有 22 个,占指标总数的 61%。具体为高校学生数量、人均住房面积、国内游客人次、国家重点文物保护单位数、文化市场经营机构总数、第三产业所占比重、博物馆数、国家 4A 级及以上景区数、主题公园数、恩格尔系数、影/剧院数、旅游总收入、博物馆参观总人次、入境游客人次、酒吧数、文化产业增加值、电影票房总收入、城市公共交通客运量、城市公园数、咖啡馆数、艺术表演团体演出场次、文化产业占地区生产总值比重。从中可以发现,马鞍山低于均值水平的指标数量较多,具体为教育发展水平、文化娱乐设施和景区景点规模、接待规模和文化相关产业收入等指标。反映出马鞍山文化产业综合发展方面存在短板,使得城市的对外文化吸引力呈现较弱的发展特点。见图 4-29。

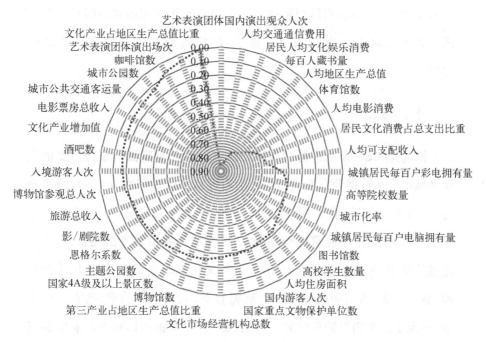

图 4-29　马鞍山 36 个指标水平排列图

在 36 个指标中,马鞍山的恩格尔系数、居民文化消费占总支出比重和居民人均文化娱乐消费等 3 个指标位于 41 个城市的上游水平;处于中游水平的有城市化率、高等院校数量、高校学生数量、人均住房面积、城市公共交通客运量、城镇居民每百户电脑拥有量、城镇居民每百户彩电拥有量、图书馆数、博物馆数、文化市场经营机构总数、影/剧院数、体育馆数、咖啡馆数、每百人藏书量、博物馆参观总人次、艺术表演团体国内演出观众人次、国内游客人次、入境游客人次、艺术表演团体演出场次、文化产业增加值、电影票房总收入、人均可支配收入、人均交通通信费用和人均电影消费等25个指标;第三产业所占比重、国家重点文物保护单位数、酒吧数、城市公园数、主题公园数、国家4A级及以上景区数、文化产业占地区生产总值比重和旅游总收入等8个指标处于下游位置。说明在41个城市中马鞍山的城市文化建设整体处于中等水平,马鞍山的城市文化竞争力虽然整体较弱,但依旧阻挡不住市民们对于文化消费的向往。为了满足居民们对美好生活的向往需求,政府需要加大城市文化建设的力度。

十、淮北

淮北是"长三角城市群""淮海经济区""徐州都市圈",全国重要的资源型城市。从数据分析看,淮北36个指标水平值区间在0~1,均值水平为0.2416。高于均值水平的指标有18个,占指标总数的50%。具体有主题公园数、文化市场经营机构总数、居民文化消费占总支出比重、人均交通通信费用、人均可支配收入、居民人均文化娱乐消费、人均地区生产总值、城市化率、城镇居民每百户电脑拥有量、人均电影消费、每百人藏书量、国家重点文物保护单位数、人均住房面积、城镇居民每百户彩电拥有量、第三产业所占比重、图书馆数、恩格尔系数、博物馆参观总人次。其中,指标水平值最高的是主题公园数(0.8819),其次是文化市场经营机构总数(0.4846)。从中可以看出,淮北公园数量、人均意义指标水平及文化消费值水平普遍较好,表明淮北城市化建设较好,当地居民的休闲文化消费需求相对旺盛。

低于均值水平的指标有18个,占指标总数的50%。具体为高校学生数量、博物馆数、文化产业占地区生产总值比重、高等院校数量、城市公园数、国内游客人次、城市公共交通客运量、体育馆数、国家4A级及以上景区数、影/剧院数、电影票房总收入、酒吧数、艺术表演团体国内演出观众人次、旅游总收入、咖啡馆数、文化产业增加值、艺术表演团体演出场次、入境游客人次。从中可以发现,淮北低于均值水平的指标主要有国内外游客人次、教育发展水平、文化娱乐设施和景区景点规模、接待规模和文化相关产业收入等指标。反映出淮北文化产业综合发展方面存在短板,使得城市的对外文化吸引力呈现较弱的发展特点。见图4-30。

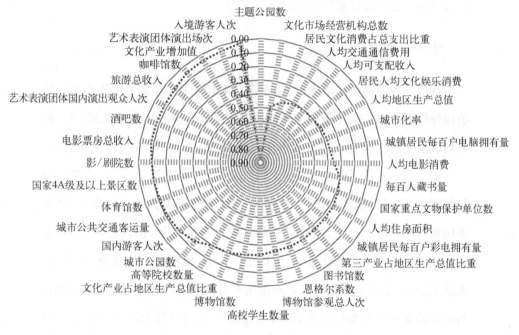

图4-30　淮北36个指标水平排列图

在36个指标中,淮北的主题公园数1个指标位于41个城市的上游水平;处于中游水平的有城市化率、第三产业所占比重、高校学生数量、城镇居民每百户电脑拥有量、文化市场经营机构总数、博物馆参观总人次、恩格尔系数、文化产业占地区生产总值比重和居民文化消费占总支出比重等9个指标;高等院校数量、人均住房面积、城市公共交通客运量、城镇居民每百户彩电拥有量、图书馆数、博物馆数、国家重点文物保护单位数、影/剧院数、体育馆数、咖啡馆数、酒吧数、城市公园数、国家4A级及以上景区数、每百人藏书量、艺术表演团体国内演出观众人次、国内游客人次、入境游客人次、艺术表演团体演出场次、文化产业增加值、电影票房总收入、旅游总收入、人均可支配收入、居民人均文化娱乐消费、人均交通通信费用和人均电影消费等 26 个指标处于下游位置。说明在 41 个城市中淮北的城市文化建设整体处于偏下水平,淮北的整体文化竞争力建设较弱,但其城内主题公园数量较多,值得引起注意。

十一、舟山

舟山是我国最大的沿海群岛,千岛之城历史悠久,文化底蕴丰厚。从数据分析看,舟山 36 个指标水平值区间在 0~2,均值水平为 0.367 2。高于均值水平的指标有 13 个,占指标总数的 36%。具体有每百人藏书量、人均地区生产总值、居民人均文化娱乐消费、人均电影消费、人均交通通信费用、人均可支配收入、旅游总收入、居民文化消费占总支出比重、城镇居民每百户彩电拥有量、城镇居民每百户电脑拥有量、国内游客人次、文化产业占地区生产总值比重、城市化率。其中,指标水平值最高的是每百人藏书量(1.418 8),其次是人均地区生产总值(0.949 9)。从中可以看出,舟山整体文化消费指标较高,居民文化娱乐活动主要为读书、电视、电脑以及观看艺术表演。

低于均值水平的指标有 23 个,占总指标数量的 64%。具体为博物馆数、人均住房面积、第三产业所占比重、国家重点文物保护单位数、城市公园数、高等院校数量、图书馆数、恩格尔系数、城市公共交通客运量、酒吧数、主题公园数、国家 4A 级及以上景区数、艺术表演团体演出场次、影/剧院数、博物馆参观总人次、入境游客人次、高校学生数量、文化产业增加值、咖啡馆数、体育馆数、电影票房总收入、艺术表演团体国内演出观众人次、文化市场经营机构总数。从中可以看出,舟山文化娱乐设施规模、教育发展水平和景区景点规模建设、文化和旅游接待人次的规模和收入等指标水平普遍较低,表明舟山缺乏多样化的休闲文化娱乐供给体系,城市文化发展不完善,城市对外文化吸引力与接待水平均偏低。见图 4-31。

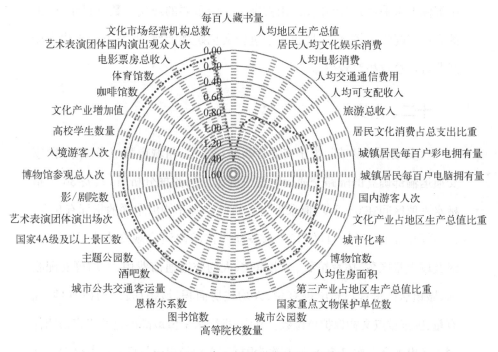

图 4-31　舟山 36 个指标水平排列图

在 36 个指标中,舟山的第三产业所占比重、每百人藏书量、人均可支配收入和居民人均文化娱乐消费等 4 个指标位于 41 个城市的上游水平;处于中游水平的有城市化率、高等院校数量、城市公共交通客运量、城镇居民每百户电脑拥有量、城镇居民每百户彩电拥有量、博物馆数、咖啡馆数、酒吧数、国家 4A 级及以上景区数、主题公园数、国内游客人次、入境游客人次、艺术表演团体演出场次、旅游总收入、恩格尔系数、居民文化消费占总支出比重、人均交通通信费用和人均电影消费等 20 个指标;高校学生数量、人均住房面积、图书馆数、国家重点文物保护单位数、影/剧院数、文化市场经营机构总数、体育馆数、城市公园数、博物馆参观总人次、艺术表演团体国内演出观众人次、文化产业增加值、电影票房总收入等12个指标处于下游位置。说明在41个城市中舟山的城市文化建设整体处于中等偏下水平,第三产业在舟山占据着比较重要的地位。数据显示,舟山的人均支配收入较高,居民也乐于进行文化娱乐消费,但城市的文化市场经营机构总数相对较少。

十二、六安

六安,别称"皋城",位于安徽省西部,是长三角城市群成员城市,国家交通运输部确立的陆路交通运输枢纽城市。从数据分析看,六安36个指标水平值区间在0~2,均值水平为0.3012。高于均值水平的指标有9个,占指标总数的25%。具体有艺术表演团体国内演出观众人次、国家4A级及以上景区数、体育馆数、图书馆数、人均交通通信费用、人均可支配收入、城镇居民每百户彩电拥有量、人均住房面积、城镇居民每百户电脑拥有量、国家重点文物保护单位数。其中,指标水平值最高的是艺术表演团体国内演出观众人次(1,6002),其次为国家4A级及以上景区数(0.8882)。从中可以看出,六安在文化竞争力指标水平中排名较好的指标集中在部分人均消费性指标、公园和景区数量和文化娱乐消费等方面。表明六安居民文化消费能力和意愿较强。

低于均值水平的指标有27个,占指标总数的75%。具体为国家重点文物保护单位数、博物馆参观总人次、国内游客人次、人均电影消费、旅游总收入、人均地区生产总值、城市化率、第三产业所占比重、文化产业占地区生产总值比重、高等院校数量、博物馆数、影/剧院数、高校学生数量、恩格尔系数、主题公园数、城市公园数、居民文化消费占总支出比重、每百人藏书量、文化市场经营机构总数、居民人均文化娱乐消费、城市公共交通客运量、酒吧数、入境游客人次、电影票房总收入、文化产业增加值、咖啡馆数、艺术表演团体演出场次。从中可以看出,六安的文化娱乐设施规模、教育发展水平、城市公共交通、国内外游客人次等文化吸引力、文化利用力、文化接待力指标情况均较弱,六安现今的城市文化发展滞后,现有文化娱乐设施不能满足城市居民的文化休闲需要,提升空间较大。见图4-32。

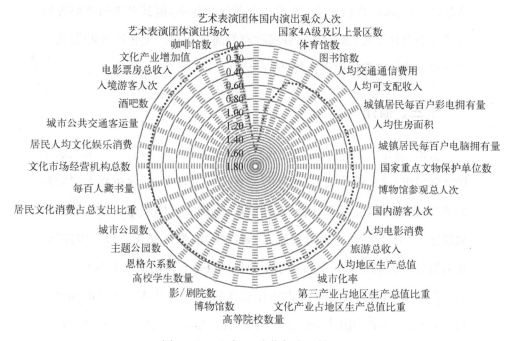

图4-32　六安36个指标水平排列图

在36个指标中,六安的国家4A级及以上景区数、艺术表演团体国内演出观众人次和恩格尔系数等3个指标位于41个城市的上游水平;处于中游水平的有第三产业所占比重、高等院校数量、高校学生数量、人均住房面积、城市公共交通客运量、图书馆数、博物馆数、文化市场经营机构总数、影/剧院数、体育馆数、咖啡馆数、主题公园数、博物馆参观总人次、国内游客人次、入境游客人次、电影票房总收入和旅游总收入等17个指标;

城市化率、城镇居民每百户电脑拥有量、城镇居民每百户彩电拥有量、国家重点文物保护单位数、酒吧数、城市公园数、每百人藏书量、艺术表演团体演出场次、文化产业增加值、文化产业占地区生产总值比重、居民文化消费占总支出比重、人均可支配收入、居民人均文化娱乐消费、人均交通通信费用和人均电影消费等 16 个指标处于下游位置。说明在 41 个城市中六安的城市文化建设整体处于中下水平，居民对于艺术团体表演的热情较高，虽然城市内国家 4A 级及以上景区数较多，但其对国内外游客的文化吸引力并不大，这点需要引起政府的高度重视。文化产业的发展在六安的整体城市发展中占比较低。

十三、宿州

宿州，地处安徽省北部，位于长江三角洲地区，紧邻沿海，是第六届全国文明城市、国家园林城市、国家智慧城市、"宽带中国"示范城市、"质量之光"年度质量魅力城市、国家森林城市、安徽省文明城市。内有蕲县古城遗址、小山口遗址、古台寺遗址，是楚汉文化、淮河文化的重要发源地。从数据分析看，宿州 36 个指标水平值区间在 0～2，均值水平为 0.360 0。高于均值水平的指标有 9 个，占指标总数的 25%。具体有文化市场经营机构总数、艺术表演团体国内演出观众人次、城市公园数、主题公园数、体育馆数、人均住房面积、国家重点文物保护单位数、居民文化消费占总支出比重、人均可支配收入。其中指标水平值最高的是文化市场经营机构总数(1.838 6)，其次是艺术表演团体国内演出观众人次(1.735 7)。从中可以发现，宿州的公园景点和文化设施发展较好。

低于均值水平的指标有 27 个，占指标总数的 75%。具体有文化产业占地区生产总值比重、城镇居民每百户彩电拥有量、人均交通通信费用、图书馆数、人均地区生产总值、第三产业所占比重、居民人均文化娱乐消

费、城市化率、恩格尔系数、国家 4A 级及以上景区数、人均电影消费、影/
剧院数、高等院校数量、国内游客人次、每百人藏书量、酒吧数、博物馆参
观总人次、高校学生数量、文化产业增加值、博物馆数、城镇居民每百户电
脑拥有量、旅游总收入、电影票房总收入、艺术表演团体演出场次、城市公
共交通客运量、咖啡馆数、入境游客人次。从中可以看出，宿州整体文化
竞争力指标水平均偏低，表现出宿州需要注重加强对城市文化发展的建
设，努力提升新时代城市文化建设水平，为满足人民日益增长的美好生活
需要提供物质基础。见图 4-33。

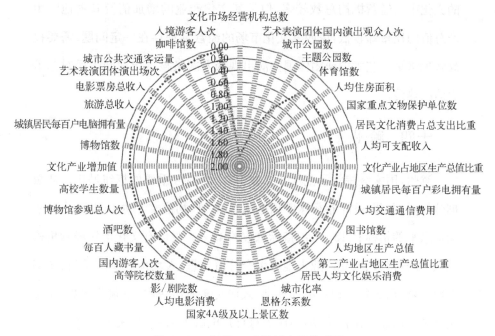

图 4-33　宿州 36 个指标水平排列图

在 36 个指标中，宿州的人均住房面积、文化市场经营机构总数、主题
公园数和艺术表演团体国内演出观众人次等 4 个指标位于 41 个城市的
上游水平；处于中游水平的有第三产业所占比重、高校学生数量、国家重
点文物保护单位数、体育馆数、酒吧数、城市公园数、入境游客人次、艺术

表演团体演出场次、文化产业增加值和恩格尔系数等 10 个指标；城市化率、高等院校数量、城市公共交通客运量、城镇居民每百户电脑拥有量、城镇居民每百户彩电拥有量、图书馆数、博物馆数、影/剧院数、咖啡馆数、国家 4A 级及以上景区数、每百人藏书量、博物馆参观总人次、国内游客人次、文化产业占地区生产总值比重、电影票房总收入、旅游总收入、居民文化消费占总支出比重、人均可支配收入、居民人均文化娱乐消费、人均交通通信费用和人均电影消费等 22 个指标处于下游位置。说明在 41 个城市中宿州的城市文化建设整体水平偏下，文化竞争力较低，虽然其城市内的文化市场经营机构总数较多，但是其文化产业的增加值及其占地区生产总值的比重却较低，说明其文化市场的经营管理存在一定问题，需要提高管理水平。艺术表演团体国内演出观众人次又显示出宿州人民对艺术表演的热爱。

十四、滁州

滁州，国家级皖江示范区北翼城市，江淮地区重要的枢纽城市。从数据分析看，滁州 36 个指标水平值区间在 0~1，均值水平为 0.328 9。高于均值水平的指标有 15 个，占指标总数的 42%。具体有文化市场经营机构总数、体育馆数、文化产业占地区生产总值比重、人均地区生产总值、图书馆数、城镇居民每百户彩电拥有量、人均交通通信费用、主题公园数、居民文化消费占总支出比重、城镇居民每百户电脑拥有量、居民人均文化娱乐消费、人均可支配收入、每百人藏书量、文化产业增加值、人均电影消费。其中，指标水平值较高的是文化市场经营机构总数（0.938 0），其次为体育馆数（0.936 8）。从中可以看出，滁州文化竞争力水平中排名靠前的指标主要有文化市场经营机构总数、人均意义指标、第三产业发展情况，表明城市的文化机构总数相对较多，居民乐于进行文化娱乐消费，居民生活娱乐主要以电脑、电视为主。

　　低于均值水平的指标有 21 个,占总指标数量的 58％。具体为城市化率、高校学生数量、国家重点文物保护单位数、人均住房面积、高等院校数量、影/剧院数、恩格尔系数、博物馆数、城市公园数、博物馆参观总人次、第三产业所占比重、国内游客人次、国家 4A 级及以上景区数、入境游客人次、旅游总收入、电影票房总收入、城市公共交通客运量、酒吧数、咖啡馆数、艺术表演团体国内演出观众人次、艺术表演团体演出场次。从中可以看出,滁州的公共交通、娱乐设施和景区景点规模、文化和旅游接待人次与规模等水平较低,表明滁州文化产业供给存在短板,数量很多,但质量不高,未能进行规模化发展,配套文化娱乐设施尚不能满足居民的文化娱乐消费需求,城市文化产业发展缺乏一定的对外文化吸引力。见图 4 - 34。

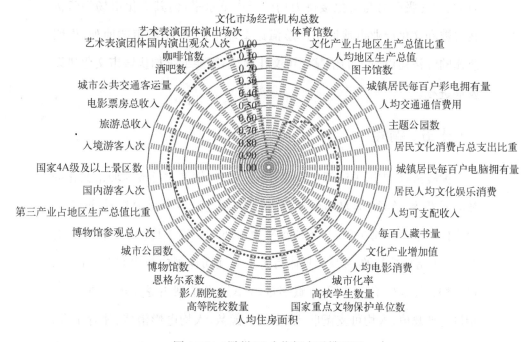

图 4 - 34　滁州 36 个指标水平排列图

在 36 个指标中,滁州的文化市场经营机构总数和文化产业占地区生产总值比重等 2 个指标位于 41 个城市的上游水平;处于中游水平的有高等院校数量、高校学生数量、城镇居民每百户电脑拥有量、城镇居民每百户彩电拥有量、图书馆数、博物馆数、影/剧院数、体育馆数、城市公园数、主题公园数、每百人藏书量、博物馆参观总人次、入境游客人次、文化产业增加值、电影票房总收入、恩格尔系数、居民文化消费占总支出比重、人均交通通信费用和人均电影消费等 20 个指标;城市化率、第三产业所占比重、人均住房面积、城市公共交通客运量、国家重点文物保护单位数、咖啡馆数、酒吧数、国家 4A 级及以上景区数、艺术表演团体国内演出观众人次、国内游客人次、艺术表演团体演出场次、旅游总收入、人均可支配收入和居民人均文化娱乐消费等 14 个指标处于下游位置。说明在 41 个城市中滁州的城市文化建设整体处于中下水平,虽然滁州整体的文化支持力、文化吸引力与文化接待力均处于中下水平,但其文化市场经营机构总数和文化产业占地区生产总值比重却排在 41 个城市的前列,说明滁州的经济建设较大的依靠城市文化建设,需要继续加快城市文化建设发展进程。

十五、铜陵

铜陵素有"中国古铜都,当代铜基地"之称,铜文化已成为城市文化的核心元素,铜经济已是城市最具特色的强市之基。从数据分析看,铜陵 36 个指标水平值区间在 0~1,均值水平为 0.263 1。高于均值水平的指标有 16 个,占指标总数的 44%。具体有艺术表演团体国内演出观众人次、居民人均文化娱乐消费、每百人藏书量、居民文化消费占总支出比重、人均地区生产总值、人均可支配收入、主题公园数、人均电影消费、体育馆数、城镇居民每百户电脑拥有量、城镇居民每百户彩电拥有量、城市化率、人均交通通信费用、图书馆数、国家4A级及以上景区数、人均住房面积。其中,指标水平值最高的是艺术表演团体国内演出观众人次(0.726 9),其次是居民人均文化娱乐消费(0.626 1)。从中可以看出,铜陵的文化竞争力指标中,艺术表演团体国内演出观众人次、公园景区及人均消费性指标的水平较高。

低于均值水平的指标有20个,占指标总数的56%。分别为第三产业所占比重、恩格尔系数、文化产业占地区生产总值比重、高等院校数量、城市公共交通客运量、国家重点文物保护单位数、城市公园数、高校学生数量、国内游客人次、旅游总收入、博物馆数、影/剧院数、酒吧数、电影票房总收入、文化市场经营机构总数、文化产业增加值、入境游客人次、博物馆参观总人次、咖啡馆数、艺术表演团体演出场次。从中可以发现,铜陵文化竞争力指标水平中艺术表演团体演出场次、教育发展水平、文化和娱乐设施规模、接待人次和收入等指标水平值较低,表明铜陵文化产业供给体系和规模水平存在劣势。见图4-35。

在36个指标中,铜陵的居民文化消费占总支出比重1个指标位于41个城市的上游水平;处于中游水平的有第三产业所占比重、高校学生数量、城市公共交通客运量、体育馆数、国家4A级及以上景区数、主题公园数、艺术表演团体国内演出观众人次、入境游客人次、恩格尔系数和人均电影消费等10个指标;城市化率、高等院校数量、人均住房面积、城镇居民每百户电脑拥有量、城镇居民每百户彩电拥有量、图书馆数、博物馆数、国家重点文物保护单位数、文化市场经营机构总数、影/剧院数、咖啡馆数、酒吧数、城市公园数、每百人藏书量、博物馆参观总人次、国内游客人次、艺术表演团体演出场次、文化产业增加值、文化产业占地区生产总值比重、电影票房总收入、旅游总收入、人均可支配收入、居民人均文化娱乐消费和人均交通通信费用等25个指标处于下游位置。

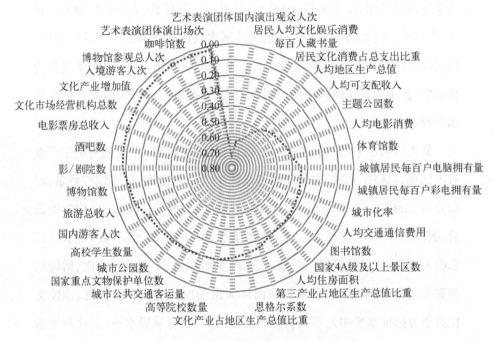

图4-35　铜陵36个指标水平排列图

说明在41个城市中铜陵的城市文化建设整体处于偏下水平,数据显示,铜陵虽然整体文化竞争力建设较弱,但城市居民乐于进行文化娱乐消费。

第七节　Ⅰ型小城市文化竞争力指标分析

城区常住人口规模在50万以下的城市为小城市。其中20万以上50万以下的城市为Ⅰ型小城市,20万以下的城市为Ⅱ型小城市。在长三角地区没有Ⅱ型小城市。符合Ⅰ型小城市这一标准的有丽水、亳州、衢州、宣城、黄山和池州6个城市。从城市区域分布看,浙江省有丽水和衢州2个城市,安徽省有亳州、池州、宣城和黄山4个城市,江苏省没有小型城市。对6个Ⅰ型小城市36个指标属性的特征分析如下。

一、丽水

丽水被誉为"浙江绿谷",是"中国优秀生态旅游城市"。从数据分析看,丽水36个指标水平值区间在0～3,均值水平为0.4246。高于均值水平的指标有17个,占指标总数的47%。具体有艺术表演团体演出场次、每百人藏书量、国家重点文物保护单位数、国家4A级及以上景区数、博物馆参观总人次、文化产业占地区生产总值比重、人均地区生产总值、文化市场经营机构总数、人均交通通信费用、人均可支配收入、国内游客人次、图书馆数、城镇居民每百户彩电拥有量、城镇居民每百户电脑拥有量、旅游总收入、博物馆数、居民人均文化娱乐消费。其中,指标水平值最高的是主题公园数(2.1823),其次是文化市场经营机构总数(0.9495)。从中可以看出,丽水艺术表演团体演出场次、公园景区数量、文化设施及文化消费值水平指标较好,表明丽水居民有着较强的文化消费意愿,现今主要文化娱乐方式为电视电脑。

低于均值水平的指标有19个,占指标总数的53%。具体为人均住房面积、城市化率、居民文化消费占总支出比重、咖啡馆数、第三产业所占比重、影/剧院数、酒吧数、恩格尔系数、主题公园数、体育馆数、文化产业增加值、人均电影消费、城市公园数、高等院校数量、高校学生数量、城市公共交通客运量、艺术表演团体国内演出观众人次、电影票房总收入、入境游客人次。从中可以发现,丽水低于均值水平的指标主要有入境游客人次、文化娱乐设施和教育发展水平、城市交通建设和文化相关产业收入等指标。反映出丽水城市文化发展建设尚为不足,城市交通设施网络、文化设施规模需要改善加强,对外文化吸引力较弱。见图4-36。

在36个指标中,丽水的第三产业所占比重、国家4A级及以上景区数、艺术表演团体演出场次和文化产业占地区生产总值比重等4个指标

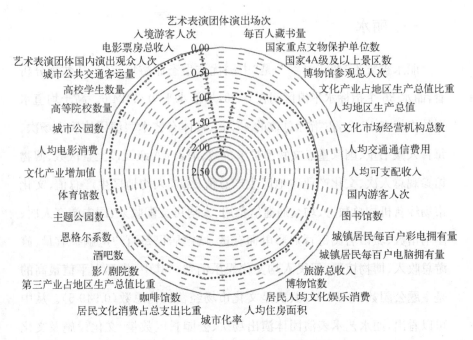

图 4 - 36 丽水 36 个指标水平排列图

位于 41 个城市的上游水平;处于中游水平的有城市化率、人均住房面积、城镇居民每百户电脑拥有量、城镇居民每百户彩电拥有量、图书馆数、博物馆数、国家重点文物保护单位数、文化市场经营机构总数、影/剧院数、咖啡馆数、酒吧数、主题公园数、每百人藏书量、博物馆参观总人次、国内游客人次、文化产业增加值、旅游总收入、恩格尔系数、人均可支配收入、居民人均文化娱乐消费和人均交通通信费用等 22 个指标;高等院校数量、高校学生数量、城市公共交通客运量、体育馆数、城市公园数、艺术表演团体国内演出观众人次、入境游客人次、电影票房总收入、居民文化消费占总支出比重和人均电影消费等 10 个指标处于下游位置。说明在 41 个城市中丽水的城市文化建设整体处于中等水平,数据显示,丽水的第三产业在城市中占据着重要位置,4A 级及以上的景区数在 41 个城市中占据前排位置说明其旅游资源较好,文化产业增加值也显示其在丽水的经济发展中占据着重要的位置,但城市居民不是特别乐于进行文化娱乐消费。

二、亳州

亳州是国家历史文化名城,新石器时代就有人类在此活动,是中华民族古老文化的发祥地之一。从数据分析看,亳州 36 个指标水平值区间在 0~2,均值水平为 0.278 0。高于均值水平的指标有 11 个,占指标总数的 31%。具体有文化市场经营机构总数、人均交通通信费用、艺术表演团体国内演出观众人次、国家重点文物保护单位数、城镇居民每百户彩电拥有量、人均住房面积、居民文化消费占总支出比重、城镇居民每百户电脑拥有量、人均可支配收入、居民人均文化娱乐消费、文化产业增加值占地区生产总值比重。其中,文化市场经营机构总数指标值最高(1.687 4),其次为人均交通通信费用(0.697 4)。从中可以看出,亳州的文化设施规模、文化及人均消费指标情况较好,反映出亳州的文化设施正在逐渐扩充,为城市文化建设的大力发展打下了基础,人民的文化消费需求也很高。

低于均值水平的指标有 25 个,占指标总数的 69%。分别为第三产业所占比重、人均地区生产总值、图书馆数、城市化率、国家 4A 级及以上景区数、恩格尔系数、人均电影消费、体育馆数、主题公园数、国内游客人次、城市公园数、旅游总收入、高等院校数量、影/剧院数、文化产业增加值、每百人藏书量、电影票房总收入、博物馆参观总人次、酒吧数、高校学生数量、入境游客人次、博物馆数、咖啡馆数、城市公共交通客运量、艺术表演团体演出场次。从中可以发现,亳州的文化娱乐设施、公园景点规模、教育发展水平、影剧院发展、城市公共交通发展能力均较弱,表明亳州的城市文化发展还比较滞后,不能满足人民的美好生活需要。见图 4-37。

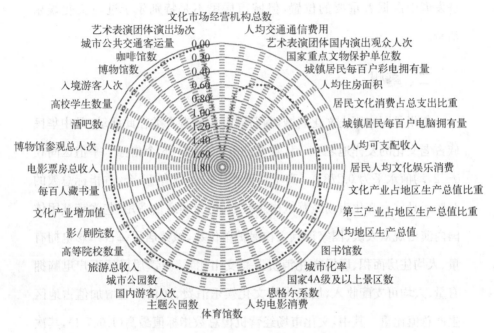

图 4 - 37 亳州 36 个指标水平排列图

在 36 个指标中,亳州的人均住房面积和文化市场经营机构总数等 2 个指标位于 41 个城市的上游水平;处于中游水平的有第三产业所占比重、高校学生数量、城镇居民每百户电脑拥有量、城镇居民每百户彩电拥有量、国家重点文物保护单位数、主题公园数、艺术表演团体国内演出观众人次、入境游客人次、电影票房总收入、恩格尔系数和人均交通通信费用等 11 个指标;城市化率、高等院校数量、城市公共交通客运量、图书馆数、博物馆数、影/剧院数、体育馆数、酒吧数、咖啡馆数、城市公园数、国家 4A 级及以上景区数、每百人藏书量、博物馆参观总人次、国内游客人次、艺术表演团体演出场次、文化产业增加值、文化产业占地区生产总值比重、旅游总收入、居民文化消费占总支出比重、人均可支配收入、居民人均文化娱乐消费和人均电影消费等 23 个指标处于下游位置。说明在 41 个城市中亳州的城市文化建设整体水平偏下,文化竞争力较弱,虽然其城市内的文化市场经营机构总数较多,但是其文化产业的增加值及其占地区生产总值的比重却较低,说明其文化市场的经营管理存在一定问题,需要提高管理水平。其入境游客人次高于国内游客人次现象值得注意。

三、衢州

衢州以"南孔圣地·衢州有礼"为城市品牌,是一座国家历史文化名城、生态山水美城、开放大气之城和创新活力之城。从数据分析看,衢州36个指标水平值区间在0～2,均值水平为0.367 7。高于均值水平的指标有16个,占指标总数的44%。具体有每百人藏书量、城市公园数、国家重点文物保护单位数、居民人均文化娱乐消费、人均电影消费、居民文化消费占总支出比重、人均地区生产总值、艺术表演团体演出场次、人均可支配收入、国内游客人次、国家4A级及以上景区数、人均交通通信费用、城镇居民每百户电脑拥有量、城镇居民每百户彩电拥有量、人均住房面积、文化产业占地区生产总值比重。其中,指标水平值最高的是每百人藏书量(1.100 6),其次是城市公园数(0.789 2)。从中可以看出,衢州公园景区数量、人均意义指标水平及文化消费值水平普遍较好,表明衢州城市公园数建设较好,对于国内游客具有一定的文化吸引力。

低于均值水平的指标有20个,占指标总数的56%。具体为图书馆数、城市化率、旅游总收入、博物馆参观总人次、恩格尔系数、第三产业所占比重、影/剧院数、主题公园数、酒吧数、文化市场经营机构总数、电影票房总收入、艺术表演团体国内演出观众人次、高等院校数量、博物馆数、文化产业增加值、城市公共交通客运量、高校学生数量、咖啡馆数、体育馆数、入境游客人次。从中可以发现,衢州低于均值水平的指标主要有国外游客人次、文化娱乐设施和教育发展水平、接待规模和文化相关产业收入等指标。反映出衢州城市文化发展建设尚为不足,城市文化设施规模需要加强,对外文化吸引力较弱。见图 4 - 38。

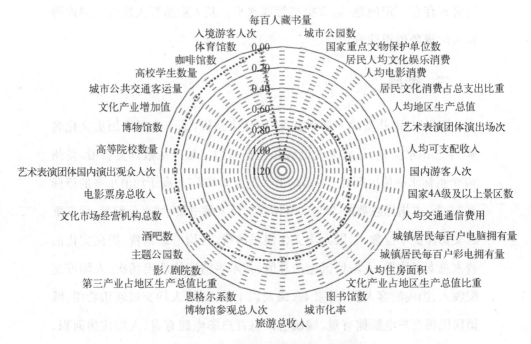

图 4 - 38　衢州 36 个指标水平排列图

在 36 个指标中,衢州的第三产业所占比重、人均住房面积、每百人藏书量和居民文化消费占总支出比重等 4 个指标位于 41 个城市的上游水平;处于中游水平的有城市化率、城镇居民每百户电脑拥有量、城镇居民每百户彩电拥有量、图书馆数、国家重点文物保护单位数、影/剧院数、咖啡馆数、酒吧数、城市公园数、国家 4A 级及以上景区数、主题公园数、博物馆参观总人次、国内游客人次、艺术表演团体演出场次、文化产业占地区生产总值比重、电影票房总收入、旅游总收入、人均可支配收入、居民人均文化娱乐消费、人均交通通信费用和人均电影消费等 22 个指标;高等院校数量、高校学生数量、城市公共交通客运量、博物馆数、文化市场经营机构总数、体育馆数、艺术表演团体国内演出观众人次、入境游客人次、文化产业增加值和恩格尔系数等 10 个指标处于下游位置。说明在 41 个城市中衢州的城市文化建设整体处于中等水平，数据显示，衢州的第三产业在城市中占据着重要位置，人均住房面积的靠前说明该城市居民居住环境较为舒适，居民文化消费占总支出比重也说明了该城市居民乐于进行文化娱乐消费，但文化市场经营机构总数的数量又表明其城市文化建设的不足。

四、宣城

宣城自古有"南宣北合"一说，有着江南鱼米之乡的美誉。曾荣获国家历史文化名城、国家卫生城市、国家园林城市、国家森林城市、全国文明城市等荣誉。从数据分析看，宣城 36 个指标水平值区间在 0～1，均值水平为 0.326 9。高于均值水平的指标有 16 个，占指标总数的 44%。具体有国家重点文物保护单位数、国家 4A 级及以上景区、文化市场经营机构总数、艺术表演团体国内演出观众人次、体育馆数、居民人均文化娱乐消费、人均交通通信费用、居民文化消费占总支出比重、人均地区生产总、人均可支配收入、城镇居民每百户彩电拥有量、城镇居民每百户电脑拥有量、图书馆数、文化产业占地区生产总值比重、每百人藏书量、人均电影消费。其中，指标水平值最高的是国家重点文物保护单位数（0.963 4），其次是 4A 级以上景区数（0.785 7）。从中可以发现，宣城人均消费性指标、文化设施规模、景区数量指标水平较好，本地居民文化消费需求相对旺盛。

低于均值水平的指标有 20 个，占指标总数的 56%。具体为城市化率、人均住房面积、国内游客人次、博物馆数、第三产业所占比重、入境游客人次、旅游总收入、恩格尔系数、影/剧院数、博物馆参观总人次、城市公园数、文化产业增加值、酒吧数、电影票房总收入、咖啡馆数、高等院校数量、艺术表演团体演出场次、城市公共交通客运量、高校学生数量、主题公园数。从中可以发现,宣城的教育发展水平、娱乐设施和公园建设规模、接待人次和收入等指标值偏低,表明宣城的文化及相关产业供给体系存在短板,城市对外文化吸引力较弱。见图4-39。

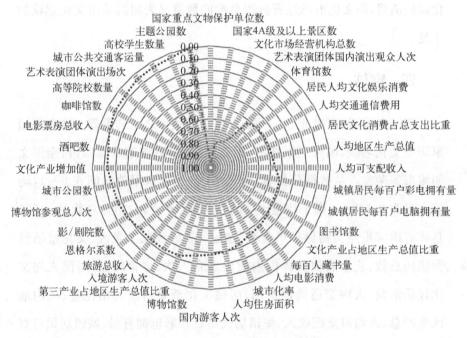

图4-39　宣城36个指标水平排列图

在36个指标中,宣城的文化市场经营机构总数、恩格尔系数和居民文化消费占总支出比重等3个指标位于41个城市的上游水平;处于中游水平的有城镇居民每百户电脑拥有量、城镇居民每百户彩电拥有量、图书馆数、博物馆数、国家重点文物保护单位数、体育馆数、咖啡馆数、国家4A级及以上景区数、每百人藏书量、艺术表演团体国内演出观众人次、国内游客人次、入境游客人次、艺术表演团体演出场次、文化产业增加值占地区生产总值比重、旅游总收入、人均可支配收入、居民人均文化娱乐消费、人均交通通信费用和人均电影消费等20个指标;城市化率、第三产业所占比重、高等院校数量、高校学生数量、人均住房面积、城市公共交通客运量、影/剧院数、酒吧数、城市公园数、主题公园数、博物馆参观总人次、文化产业增加值和电影票房总收入等13个指标处于下游位置。说明在41个城市中宣城的城市文化建设整体处于中等偏下水平，数据表明宣城的整体文化市场经营机构总数较多，且居民文化消费占总支出比重也比较靠前，说明宣城的居民较乐于进行文化娱乐消费，但相较于居民对于城市文化娱乐的热情，其城市文化建设显然较为落后，不能满足居民的美好生活向往。

五、黄山

黄山市，古名徽州、歙州、新安，是世界著名的现代国际旅游城市、长三角旅游中心城市之一，自古即有"无徽不成镇""徽商遍天下"之说。从数据分析看，黄山36个指标水平值区间在0～3，均值水平为0.490 1。高于均值水平的指标有10个，占指标总数的28%。具体有入境游客人次、国家重点文物保护单位数、博物馆数、国家4A级及以上景区数、博物馆参观总人次、文化产业占地区生产总值比重、每百人藏书量、图书馆数、国内游客人次、文化市场经营机构总数。其中，入境游客人次的指标水平值最高(2.503 1)，其次为国家重点文物保护单位数(2.360 3)。从中可以看出，黄山国内外游客人次、居民文化消费水平较高，表明黄山对于内外游客具有一定的文化吸引力，居民具有一定的文化消费能力与意愿。

低于均值水平的指标有26个，占总指标数量的72%。分别为居民文化消费占总支出比重、人均地区生产总值、城镇居民每百户电脑拥有量、居民人均文化娱乐消费、主题公园数、人均可支配收入、人均住房面积、人均交通通信费用、旅游总收入、人均电影消费、城镇居民每百户彩电拥有量、第三产业所占比重、城市化率、艺术表演团体国内演出观众人次、体育馆数、城市公园数、恩格尔系数、影/剧院数、酒吧数、高等院校数量、高校学生数量、文化产业增加值、咖啡馆数、电影票房总收入、城市公共交通客运量、艺术表演团体演出场次。从中可以发现,黄山的教育发展水平、文化和娱乐设施规模、公共交通网络和城市化率等方面发展较弱,文化娱乐设施较为缺乏,城市文化发展建设存在较大短板,硬件设施跟不上城市旅游发展水平。见图4-40。

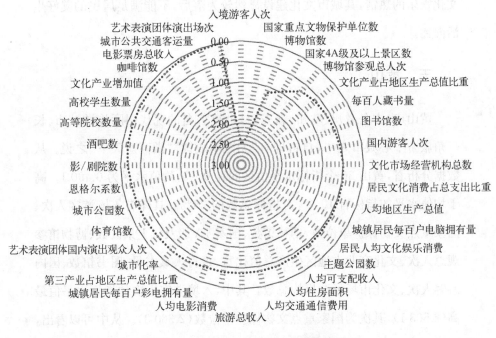

图4-40　黄山36个指标水平排列图

在36个指标中,黄山的第三产业所占比重、图书馆数、博物馆数、国家重点文物保护单位数、主题公园数、国家4A级及以上景区数、入境游客人次、文化产业增加值占地区生产总值比重和恩格尔系数等9个指标位于41个城市的上游水平;处于中游水平的有城市化率、人均住房面积、城镇居民每百户电脑拥有量、城镇居民每百户彩电拥有量、文化市场经营机构总数、体育馆数、咖啡馆数、城市公园数每百人藏书量、博物馆参观总人次、艺术表演团体国内演出观众人次、国内游客人次、旅游总收入、居民文化消费占总支出比重、人均可支配收入、居民人均文化娱乐消费和人均交通通信费用等18个指标;高等院校数量、高校学生数量、城市公共交通客运量、影/剧院数、酒吧数、艺术表演团体演出场次、文化产业增加值、电影票房总收入和人均电影消费等9个指标处于下游位置。说明在41个城市中黄山的城市文化建设整体处于中等水平,黄山的图书馆数、博物馆数、国家重点文物保护单位数较多,文化气息浓郁。因其有我国著名的名山黄山,对国内外游客的文化吸引力较大。

六、池州

池州,省级历史文化名城,素有"千载诗人地"之誉,是中国第一个生态旅游经济示范区,安徽省"两山一湖"(黄山、九华山、太平湖)旅游区的重要组成部分。从数据分析看,池州36个指标水平值区间在0～2,均值水平为0.3153。高于均值水平的指标有16个,占指标总数的44%。具体有艺术表演团体国内演出观众人次、入境游客人次、国家4A级及以上景区数、国家重点文物保护单位数、居民文化消费占总支出比重、国内游客人次、文化产业占地区生产总值比重、人均地区生产总值、旅游总收入、居民人均文化娱乐消费、人均交通通信费用、人均可支配收入、城镇居民每百户电脑拥有量、人均住房面积、城镇居民每百户彩电拥有量、城市化率。其中,艺术表演团体国内演出观众人次的指标水平值最高(1.0852),其次为入境游客人次(1.0468)。从中可以看出,池州人均意义指标、景区数量、国内外游客人次、文化消费水平较高,池州整体对于内外游客具有一定的文化吸引力,居民对于文化性消费支出较支持。

低于均值水平的指标有20个,占总指标数量的56%。分别为人均电影消费、城市公园数、每百人藏书量、图书馆数、第三产业所占比重、体育馆数、恩格尔系数、主题公园数、高等院校数量、高校学生数量、博物馆参观总人次、博物馆数、文化市场经营机构总数、文化产业增加值、影/剧院数、艺术表演团体演出场次、酒吧数、电影票房总收入、城市公共交通客运量、咖啡馆数。从中可以发现,池州的交通网络、教育发展水平、文化和娱乐设施规模等方面发展存在短板,文化休闲业态不够丰富,不能很好满足居民文化消费需求,城市交通建设也需要继续改进。见图4-41。

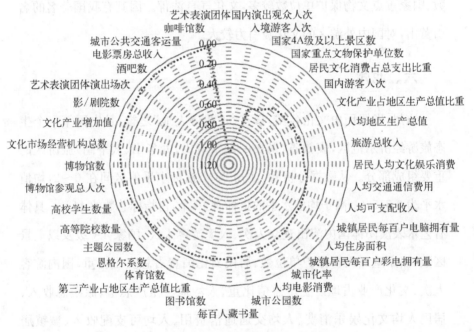

图4-41　池州36个指标水平排列图

在36个指标中,池州的艺术表演团体国内演出观众人次、入境游客人次和恩格尔系数等3个指标位于41个城市的上游水平;处于中游水平的有人均住房面积、国家重点文物保护单位数、城市公园数、国家4A级及以上景区数、国内游客人次、艺术表演团体演出场次、文化产业占地区生产总值比重、旅游总收入、居民文化消费占总支出比重、居民人均文化娱乐消费等10个指标;城市化率、第三产业所占比重、高等院校数量、高校学生数量、城市公共交通客运量、城镇居民每百户电脑拥有量、城镇居民每百户彩电拥有量、图书馆数、博物馆数、文化市场经营机构总数、影/剧院数、体育馆数、咖啡馆数、酒吧数、主题公园数、每百人藏书量、博物馆参观总人次、文化产业增加值、电影票房总收入、人均可支配收入、人均交通通信费用和人均电影消费等23个指标处于下游位置。说明在41个城市中池州的城市文化建设整体处于偏下水平，池州的经济发展低下，文化建设较弱，但仍旧抵挡不住居民对于文化娱乐消费的热情。数据显示，池州对于境外游客的文化吸引力较大，一部分原因是池州天然的资源条件优势（国家重点文物保护单位数和国家4A级及以上景区数较多）。

第三篇

专题研究

第五章　拟剧论视角下的旅游者表演研究

——以微信朋友圈为"新舞台"

第一节　文献回顾与数据收集

一、文献回顾

社会学家欧文·戈夫曼(Erving Goffman)在《日常生活中的自我呈现》一书中将舞台、角色、剧本、观众等一系列戏剧表演理论的用语引入社会学研究,分析了日常生活中的社会人际互动(孟蔚,2008)。戈夫曼用"舞台"隐喻社会交往的情境,用"舞台上的表演者"(演员)隐喻社会中的个人,人们在不同的情境场中扮演着各种各样的角色,并完成各自的表演(余志远等,2021)。MacCannell(1973,1976)利用拟剧理论中"前台后台"的概念,提出了"舞台真实"理论,开启了旅游研究中"以表演隐喻旅游"的序幕,引起了众多学者对旅游表演性质的关注。"表演"在旅游研究中的内涵不断丰富,除了延续角色、舞台等戏剧概念外,还逐渐在非表征理论、具身思想等理论的给养下与多感官、身体、具身实践联系紧密(李淼,2017,2020)。

本章作者:胡谍(1997—　),安徽合肥人,上海师范大学旅游学院硕士研究生;朱立新(1966—　),上海人,上海师范大学旅游学院教授。

在旅游者表演方面,本文将旅游者表演理解为:旅游者建立在与他人互动的基础上,在社会中展示自身存在的一种行为。已有研究探讨了不同的旅游者表演空间及旅游者与空间的互动(Noy,2008;Line,2013;Giovanardi,2014;朱江勇,2014),归纳了旅游者表演的模式与类型(Edensor,2000;谢彦君,2005;Ferguson,2015),并关注到旅游者表演与旅游体验的关系(Adler,1989;李淼,2012;Terzidou,2017;贾一诺等,2018)。但是,现有研究主要将旅游目的地视为"舞台",关注旅游者的实地在场表演,对于允许"不同时在场"的虚拟空间关注不够。而已有研究关注过的博客(李淼,2012)、豆瓣网(张骁明等,2019)、旅游网站(吴艺娟等,2016)等虚拟平台为旅游者提供了一个可以隐藏真实身份的"马甲",与微信衔接现实社会关系(孙玮,2015)的特点具有较大不同。并且,现有文献中少有将旅游者在社交媒体上的表演放置于整场旅游中进行探讨的研究。

综上,本文以拟剧理论为理论依据,从旅游者表演内容、旅游者表演过程两个方面,对旅游者在微信朋友圈中的表演进行研究,并尝试将旅游者在微信朋友圈中的表演放置整场旅游活动中进行剖析。

二、数据收集与分析

(一)数据收集

本文采用参与式观察和图像引谈作为数据收集的方式,共收集到176条朋友圈,828张朋友圈照片,31条朋友圈视频,访谈录音超过16个小时,转录文本及问询记录20万余字,共涉及39位旅游者。其中,朋友圈以截图形式保存,包括朋友圈文案、发布时间、定位、点赞区和评论区等信息。

在参与式观察的过程中,采集典型的朋友圈信息,积极与旅游者进行互动,实时记录发现,并联系理论进行反思。接受朋友圈信息采集和问询的旅游者共计 25 人。在图像引谈方面,要求受访者选取并以截图形式提供 3 条以上近三年内(2019 年 1 月至 2021 年 7 月)与自身旅游经历相关的朋友圈。访谈将结合这些朋友圈,并围绕旅游者在朋友圈中的表演内容和表演过程展开。本文共访谈 14 位旅游者,访谈时间在 30—129 分钟不等。其中,2 号和 3 号受访者、8 号和 9 号受访者、11 号和 12 号受访者为 3 对同行者。见表 5 - 1。

表 5 - 1　受访者基本信息

编　号	性　别	年　龄	职　　业
1	男	27	培训运营
2	男	22	待业
3	女	24	教师
4	女	54	画室工作人员
5	男	21	场馆讲解员
6	女	25	地产咨询
7	男	25	景观设计
8	女	24	学生
9	女	23	学生
10	男	68	退休
11	女	45	自由职业
12	女	48	医美销售
13	男	38	微商销售
14	男	52	教师

（二）数据分析

在正式分析前，对数据进行预处理和编号。预处理后，借助质性分析软件 NVivo11，在拟剧理论的基础上，使用主题分析法对数据展开分析。在充分熟悉材料的前提下，对其进行开放式编码，编码过程中不断与已有编码进行对比，对类似的编码进行合并，进而归纳并提取出更高层次的类别或主题，形成研究结论。

第二节　旅游者表演的内容

一、旅游者表演内容的载体

与"面对面"情境下的表演不同，在移动社交媒体上旅游者需要借助服务商提供的各种功能载体间接地进行表演。根据微信提供的功能和设定，旅游者可以使用文案（文字及表情）、图片、视频和定位这四种载体在微信朋友圈中发布自己的旅游经历，从而完成表演。

多种载体提供了多样的选择，旅游者可以选择一种或多种形式在朋友圈中进行表演，各个载体不同的功能和特性也使得其负载的表演内容呈现不同的侧重点。从叙事角度来说，定位和单一的图片在时间上不具备延展性，更多起到具象定格瞬间的作用，旅游者使用它们表现自己的所见以及身体在场，突出"以身体之"；而文案能够详细地记录旅游经历的过程、某一特殊的事件或心情感悟，直接展示了旅游者的所思所感，突出"以心验之"；视频是信息承载量最多的载体，借助视频，旅游者不光可以通过画面、环境记录所见和所处环境，还可以用人声"画外音"讲述所思所感。四种载体虽各有侧重，但并非割裂分离，它们在旅游者的组织和编排下相互配合，形成了完整的意思表达，统一在"一个剧本""一场表演"下。

二、旅游者表演内容的剧本设定

"剧本设定"相当于旅游者在移动社交媒体上"遵从"的角色规范和行事准则,体现了旅游者乐于展现的内容。比起戏剧影视表演,现实生活中的表演剧本要隐蔽且灵活得多,更多是一个梗概(孙惠柱,2009)。通过旅游者的朋友圈内容,可以窥见其流露出的剧本设定。首先,"轻松和积极"奠定了旅游者表演的主基调。旅游者在朋友圈中的表演大体上倾向于避免出现负向信息、过于深沉的思考和过于激烈的情绪,而更乐于凸显轻松、愉快的感受。其次,在朋友圈的舞台上,"我"(表演者)是演出的核心。无论"我"是否以人像等形式直接出现,表演内容都围绕"我"来展开,展现"我"看待世界的独特视角,呈现表演者本人个性化的自我叙事,"我"的出场和存在是旅游者在朋友圈表演的核心目的和关键意义。围绕这两点,可提炼出如下三条剧本设定。

"我"身处美好的风景中。美丽的风景是旅游者朋友圈照片中占最大比例的内容,文案表演中也不乏对景物风光的详细描述。但纯粹表现美景并不能完全满足旅游者的表演需要,对于旅游者来说,在朋友圈舞台上更为重要的是表现出"我"正身处这一美景中,表达"我"的在场,以及"我"和美景的关系,希望自己能够"融入"在景色之中。在文案中,旅游者通过文字和表情符号描绘自己眼中看到的美景,记叙自己行走在美景中的经历和感受;在图片中,旅游者乐于展示在风景中留下自己的照片,直观地表现自己的在场;将游览地的位置定位展现在朋友圈,也是旅游者认为能够表现"身处"的直接证据。除此以外,对于大部分旅游者来说,"我身处在美好的风景中"是一个自我暴露程度适中,不容易引起"争议"的恰如其分的表演内容。几乎不带有个人色彩的客观描述又或是纯粹的风景照,难以表达旅游者与旅游地的关联;而自我观点和情感的过分暴露,以及无景物作为背景的自拍"大头照"则会让旅游者有所顾虑。"我正身处美好的风景中"就成了合适的表演内容。

"我"获得了有趣独特的体验。旅游是"求异"的过程,多彩有趣的旅游与日常生活形成了巨大的反差,这是旅游经历值得被搬上朋友圈舞台的重要原因。除了良好的体验外,在这些新奇的经历中,旅游者往往能够扮演与日常生活中不同的"角色",将这些体验呈现在朋友圈,使旅游者获得了一个展示自己"多样面"的路径。例如,6号受访者将驾驶沙地卡丁车的视频发布在朋友圈中,展示了自己平日里没有机会表现出的"飒爽"。需要注意的是,虽然旅游者乐于呈现独特的体验和多样的自我,但"独特"和"不同"都限定在一定的范围内,出于对朋友圈中观众接受度的顾虑,过于出格的内容一般不会被旅游者呈现在朋友圈舞台。

"我"拥有亲密友善的人际关系。同行者是旅游者表演中的重要内容,文字表演中对于与同伴相关的愉悦心情描述,照片中与同行者的合照,视频中与同行者的对话,都体现着旅游者乐于在朋友圈中展示和同伴的友好相处。"良好的人际关系"是一种较为正面的社交形象。同时,在部分旅游者看来,同行者是旅游中非常重要的一部分,有同行者出现的朋友圈才是对旅游的完整记录和呈现。除此以外,发布与同行者相关的内容,也是旅游者拉近、维系与同伴关系的一种策略。让同行者出现在自己的朋友圈中,类似一种公开宣告:这份亲密的关系是能够且值得放在"舞台"上,被其他观众"看到"和"认可"的。

第三节　旅游者表演的过程

一、表演素材的获取与处理

(一)表演素材的获取

文案的获取来源于旅游过程中表演者的所见所闻和所思所感。部分旅游者会将感受和浮现的灵感记录在手机备忘录中,不断凝练,等待合适的表演时机。旅游者还会根据自己的见闻及感受，寻找、联想、借鉴文学作品、影视剧或歌曲唱词中的语句组成文案。部分旅游者会从以往观察到的，其他表演者的优秀文案中汲取灵感，进而编写自己的朋友圈。在照片与视频方面，大部分旅游者表示，在旅游地拍摄照片和小视频时，会不自觉地想到在合适的时机将这些素材搬上朋友圈的舞台。在为朋友圈的"成功表演"收集更多素材时，旅游者的行前准备和在场旅游行为也会相应地受到影响，这些影响主要体现在旅游者的身体行为和服饰道具两个方面。

在身体行为方面，拍摄人像时旅游者为了获取满意的影像会主动做出一些特定的行为，也就意味着如果没有拍摄和展示的需要，这些行为大都不会发生。最为典型的就是关于人像的"摆拍"，即摆出特定的姿势以留下影像，例如拍照姿势中常见的"剪刀手"、和景物合照时的跳起等。部分旅游者还会与同行者配合，呈现一些有趣的"创意摆拍"。而在拍摄景物时，旅游者常常会调整自己的身体姿势，精心挑选角度，以获得审美上观感更好的拍摄效果。同时为了获得更加个性化的照片，部分旅游者也会思考并采取一些"不走寻常路"的独特拍摄思路。

部分景区会有意识地设计一些可供游客获取特殊拍摄效果的设施或装置，辅助旅游者进一步和旅游地进行互动。服饰和道具的合理运用能够帮助旅游者在新的环境中更好地展示自我，对表演的成功也起到至关重要的作用。在服饰方面，部分旅游者会在旅行前特地准备适合在某场景出演的服饰，以便能够留下好的照片并在朋友圈"出场"。道具的获取一般是"就地取材"，新奇有趣的特产或纪念品、游乐中使用的工具（如鱼竿、茶具），以及能够反映活动或经历的票根等，往往会成为被用作拍照以上传朋友圈的"道具"。除此以外，一些能够反映旅游者身份的随身物品（如背包客的"大包"），也会被表演者呈现在朋友圈中，体现着他们对自我身份的认同。

（二）表演素材的处理

对大部分表演者来说朋友圈是一个公共领域，即表演的前台，在其中的表演需要进行恰当的编辑、思考与取舍。对朋友圈的编辑除了体现在对分享内容的选取外，还体现在对表演素材的处理和修饰。其中，对照片的处理和修饰是旅游者提到最多、在朋友圈中最为常见的方式。

部分旅游者更是修图的"狂热爱好者"，他们热衷于对拍摄的照片进行裁剪、拼接、调色等后期处理。他们通过修饰图片体现自身的审美偏好，甚至通过修图使照片"焕然一新"，呈现出与原图截然不同的风格，获得一种"再创造"的体验。需要注意的是，热衷于修图并不意味着旅游者试图在朋友圈舞台上呈现"虚假"的内容。修图达到的"真实"类似于存在主义真实性的内涵："修图"本身是一种将外在景物，通过自己的主观感受，内省内化的独特体验，是在目的地客观事实基础上，加入主观因素创造的一种忠于自我的"真实"（赵红梅等，2012）。

除了对修图抱有极大热情的旅游者外，其他旅游者也大多拥有过将图片"P一下"再发布朋友圈的经历。他们大都通过手机自带或APP提供的"一键滤镜"，对图片进行简单的调整。在照片效果失真或质量过差的情况下，对图片进行调整可呈现出更好的表演状态。除此以外，对于一些旅游者来说，即使是简单的调色，也能够反映出当下的状态和心境。特别的，无论是否热衷于修图，对于涉及人像的图片，旅游者们往往都十分慎重，不会对其进行"大幅度"的修改，避免人物与实际情况出入太大，给人以"弄虚作假"之感。

由上述分析可以看到，通过拼接、调色、加滤镜等对图片的整饰，表演者完成了自身审美，甚至是当时心境情绪的表达；旅游者的注意力从外部的文化对象转向"自我"（Richards and Wilson，2006），哪怕是同样的拍摄对象,经过处理后的照片也成了表演者个性化、私人化的表达,部分的自我在旅行和表演的实践中被察觉和创造。

二、表演的编排与节奏

在表演素材收集处理完成之后,旅游者还面临如何将表演素材进行有序组织的问题,本文提炼出四类旅游者组织编排表演的类型。从"瞬时型"组织到"总结型"组织,旅游者表演内容横跨的时间越长,涉猎的空间越广,包含的表演素材越多。瞬时型编排的表演素材常常是简短的一句话或纯表情,搭配一张图片或一条小视频,这意味着旅游者认为某一个单一独立的素材就可以支撑起一整场表演。因此,这类朋友圈表现的往往是予以旅游者极大震撼或触动,且不需要深入思考的某一瞬间,具体来说有如下几类:第一类是极具感官震撼性的风景名胜,往往是气势磅礴或高远壮阔的"大景";第二类是极具纪念意义的瞬间,常常带有"打卡"的性质;第三类是具有惊喜之感或极有趣的偶发事件。同时,大旅游者对瞬时型编排的选择较为慎重,绝大部分旅游者不会选择频率过高的"直播式"刷屏,避免占据过多版面,对朋友圈的观众造成打扰。

场景型和主题型介于瞬时和总结之间。场景型编排类似于戏剧中一个独立情节,一般会包含一个事件过程中的多个瞬间,例如表现一顿美食、一次手工体验。主题型比场景型涵盖的时空内容更多,是将反映同一个主题的多个素材串联,往往涵盖多个场景,并且这些场景并不连续发生。

场景型和主题型编排使朋友圈表演更加有序,观感更加清晰,既便于观众理解,也便于表演者自己日后回忆。总结型是被编码次数最多的类型,可以说,它是最为常见的旅游朋友圈组织形式。总结式往往包含对一段旅程或一天行程的全方位总结,表演者希望以容量更大的表演内容,替代频繁表演频次,避免在朋友圈中"刷屏"。特别的,旅游者在将旅途中收集的表演素材进行梳理编排的过程中,一些被忽视的回忆会被重新"激活",使旅游体验得到加强。部分旅游者在编排的过程中不断对表演素材进行思考和凝练,使原有的体验与感悟不断"发酵",创造了新的旅游体验。

在表演节奏方面,绝大部分旅游者会选择在旅行中或旅行刚刚结束后不久,仍处在旅游的"情绪场"中时,在朋友圈呈现与旅游相关的表演内容。由于移动社交媒体的随身性,朋友圈虚拟舞台表演嵌入到旅游的过程中,在其上的表演节奏与旅游地实地表演自有的节奏建立了密不可分的关系,且二者存在主次之分:即朋友圈的表演节奏跟随实地旅游的节奏。

上文所述的不同编排类型,也有着不同的节奏安排:瞬时型往往意味着事件发生、感受产生的当下就给朋友圈发出;场景型朋友圈往往在一个活动结束后的"间隙空当"发布;而采用主题型和总结型组织表演的表演者常会选择在酒店休息,或返程途中的一块相对完整的时间进行朋友圈发布。除了较为特殊的瞬时型编排方式外,交通通勤、景区等候等实地旅游表演中间隙的"中场休息",反而是旅游者们在朋友圈中常见的"登台表演"时间。在旅游者的协调下,实地表演的节奏与虚拟表演的节奏相互配合,互不冲突,对朋友圈表演的准备和编排被安排在合适的时空分区中。旅游者能够通过选择不同的编排形式,掌握自身表演的节奏,虚拟舞台上的"登场"较少影响实地旅游相关体验的情况。

三、表演过程中的互动

表演并非程式化的过程,而是建立在互动之上(Edensor,2000)。同行者是旅游者在朋友圈中表演的重要内容,一些表演的成功还有赖于剧班成员的相互配合,因此本文将一段旅途中的同行者们视为剧班成员。同时,戏剧始终需要观众的在场(谢彦君,2005)。朋友圈舞台允许表演者和观众非实时性的"交错在场"(张骁鸣等,2019),但这仍不能改变旅游者表演无法脱离观众而存在的特性。对于表演者来说,一条朋友圈从发出开始,直到没有观众再回复点赞之后,才算完全"落幕",与观众之间的互动不断影响着旅游者的表演。由此,需要对表演过程中的剧班互动以及旅游者与观众的互动进行阐述。

（一）剧班

根据访谈内容以及对朋友圈的观察和梳理,可提炼出四种剧班内的互动形式,具体内容如下表所示。前台与后台是一个相对概念,相对于朋友圈舞台来说,将旅游地视作表演者在线下实地旅游时准备表演素材的"实地后台"。见表5-2。

表5-2　剧班成员的互动

互 动 形 式	互 动 空 间	互 动 内 容
共创及共享表演素材	实地后台:旅游地	互相拍摄照片视频
	虚拟后台:微信群、微信私聊	共同对拍摄的照片或视频编辑、分享照片或视频
共谋表演	实地后台和虚拟后台:旅游地、微信群、微信私聊	商量共同出演、互相捧场的事宜
共同出演	前台:微信朋友圈	较为多样,如在微信朋友圈发布相互关联的内容等
互相捧场	前台:微信朋友圈"观众区"	相互点赞、相互评论

共创及共享表演素材。"互相拍摄照片或视频"是这一互动形式中的重要内容,在旅游地时,剧班内成员不但互相拍照,还会共同商量动作或

准备道具,以便呈现更好的表演状态。在虚拟后台,即微信群或私聊,剧班成员往往会相互分享自己收集的表演素材。

共谋表演。共谋表演可分为"特殊表演"和"常规表演"两类。特殊表演是指剧班成员的朋友圈之间存在强烈的联系,有"互文"之感,这就需要周密的计划和剧班人员的配合,剧班成员往往在实地旅游阶段就做好拍摄照片、视频等准备,"密谋"一词很能反映旅游者的感受。除了"密谋"一场较为特殊的表演外,表演者个人的一些常规性表演也会有剧班"共谋"的出现。在这种情境下,"共谋"主要体现在剧班成员就图片修饰、文案编写等彼此商议,出谋划策。与此同时,在发布包含人像的照片时,剧班成员一般会在微信群等虚拟后台相互知会,征得对方同意,商量并共同决定可以被搬到前台的照片内容。对于文案表演中带有调侃或者对方个人信息的内容,也会仔细斟酌,询问对方的意见。这类"共谋"维系了剧班成员的内部和谐,避免自身的表演在无意中对其他剧班成员造成"冒犯",或是泄露出不便于观众知道的"秘密",造成表演的崩溃。

共同出演。共同出演可分为两种形式:第一种形式主要承接"共谋演出"中的"特殊表演",即剧班成员共同将预定、筹备的表演内容在朋友圈舞台上演出;第二种共同出演承接"常规表演",剧班内成员的朋友圈没有经过事先沟通和"密谋",彼此经由照片、视频等表演载体出现在对方的表演内容中,类似于一种"被动出演"。

表演的共谋和共同出演,不光是为了在朋友圈舞台上呈现更加良好或有趣的表演效果,也是维系、加深彼此友好关系的一种途径。在对表演共同谋划、共同筹备以及最终共同"登台"的过程中,剧班内的成员们获得了一种共同保守"秘密"的亲密感,加深了团体内部的归属感,剧班成员在表演中也共同获得了一种独特而有趣的体验。

互相捧场。在表演内容被搬上舞台之后,剧班成员也会"客串"观众,出现在表演者的点赞区和评论区,表示对表演者的支持和肯定,避免"无人捧场"的尴尬。与此同时,一些剧班成员还乐于在评论中相互调侃,使用一些只有内部成员才能理解的"密语",例如彼此的外号、旅游中发生的趣事等,进一步加强了剧班成员的"团体感"。

(二)观众

严格意义上来说,在朋友圈的舞台上,表演者与观众的互动在观众对朋友圈进行点赞、评论之前就已开始。在朋友圈的表演实践中,作为表演者的旅游者能够意识到并且赞同朋友圈并非绝对的"私人领域",自己的行为将会被别人"看见"。由此,旅游者发布朋友圈时,就已经完成了"出场",即互动的发起,而观众对自己不欲与之互动的朋友圈默默浏览也是一种"有礼貌的不关注",它们构成了一种相互察觉但没有直接交谈的"无焦点互动"(吉登斯,2009)。根据朋友圈的功能设定与访谈材料,从观众隔离和点赞评论两个方面进行论述。

在观众隔离方面,朋友圈的舞台与戈夫曼所讨论的面对面情境不同,由于网络屏障的保护作用,表演者的真实后台非常安全,几乎不会出现观众"闯入"后台区域从而造成"表演崩溃"的情况(张骁鸣等,2019)。因此,这里主要讨论表演者对观众进入前台区域的控制。观众隔离是前台控制的一种措施,以确保观众只会看到表演者为其准备的角色(戈夫曼,2008)。在与旅游相关的朋友圈中,面对复杂的观众群,表演者通过"屏蔽"功能来实现观众隔离。观众隔离分为两种情况:一是被隔离的观众无法查看表演者所有的朋友圈,类似于直接被"剧场"拒之门外;二是表演者在发布某条朋友圈时,手动选择一些观众将其屏蔽,相当于不发放某几场表演的"入场券"。

在第一种隔离模式中,绝大部分受访者表示,仅会对生活中完全没有交集,因工作、购物等一些临时原因添加的微信好友进行朋友圈的完全隔离。在第二种隔离模式中,鉴于朋友圈中旅游表演积极向上的主基调,绝大部分的旅游者仅在一些特定情况下才会采取观众隔离:首先,部分受访者表示在不太希望别人知道自己"正在出游"的情况下,会就旅游相关的朋友圈对一部分特定观众进行屏蔽,避免在日常生活中引起一些麻烦。其次,在有关旅游的朋友圈内部,旅游者会针对部分与自己日常生活中某个角色形象不符的表演内容,对特定类型的观众进行屏蔽。而在上述情况中,部分旅游者又会担心"没有不透风的墙",所以在无法保证观众隔离完全奏效的情况下,会直接避免在朋友圈中进行可能带来争议的、与自己"多重角色"身份不符的表演:

从点赞和评论开始,表演者和观众之间的互动由原先的"无焦点互动"转向直接关注对方言行的"有焦点互动"(吉登斯,2009)。特别的,在朋友圈中是否开始有焦点互动的权力掌握在观众手中。

点赞是观众和表演者产生直接互动最简单的方式。从常规理解来看,"赞"是观众对表演者内容认可和赞赏的直接表达。但也有一部分旅游者认为,观众是否点赞有时与自己的表演内容没有强烈关联,是"对人不对事"的,获得的赞大都来自表演者日常生活里所处社交圈中联系较为紧密的人,是一种礼貌性的回应。与点赞不同,评论是更加深入且内容丰富的互动形式。比起点赞,对于表演者来说,评论更能让表演者感受到被关注、被认可。

根据收集的朋友圈和访谈内容,可提炼出赞赏认可、关心问好、询问信息、调侃打趣和表达意见这五类评论内容。其中,赞赏认可是出现频率最高的。在一些与极端天气或者"冒险活动"相关的朋友圈下,观众会在评论中表达对旅游者人身安全的关切。询问信息类评论能够反映出旅游者的表演内容对观众产生了较大吸引,观众向旅游者询问旅游地住宿、美食或游玩项目的具体信息,为自己的旅游决策做准备;调侃打趣一般出现在关系较为亲近的表演者和观众之间,往往会活跃评论区的气氛,形成热闹非凡的"版聊"(在评论区中多次回复),甚至引发观众之间的"跟帖"(回复同样的话)。表达意见则意味着观众"反客为主",将表演者的观众区化为表达自己观点和相关经历的舞台,进行自我呈现,并试图和表演者产生更多交流。

特别的,在朋友圈中"观众席"不光是观众发表评论的区域,也是表演者对表演区正式表演内容进行补充的区域:表演者不选择特定回复对象,直接填写评论,将对表演的补充内容展示所有好友。在另一些情况下,表演者会根据观众的评论内容,做出统一回复。例如,在中老年旅游者朋友圈的观众席,表演者往往会"下场"用评论的方式统一表达对观众点赞、评论的感谢:"谢谢各位亲朋好友关注",在表示礼貌的同时,省去一一回复的麻烦。

观众的点赞与评论会激发表演者愉悦满足的情感体验、有一种获得认可的成就感,同时也感受到了他人对自己的关切、确认、维持了自己的社会性在场。但对于大部分旅游者来说,与观众互动带来的美好感受更多是对旅游体验的"锦上添花",即使没有获得点赞和评论,也不会带来过多的消极感受。

拟剧理论中自我是一个有着精心安排的舞台印象的公众表演者(Larsen,2005),表演者试图运用"印象管理"的策略去影响他人,进行自我呈现。但在朋友圈的舞台上,旅游者试图规避负向影响的意愿,远远高于为自己带来正向影响的意愿。从"面子"的角度来说,比起"挣得面子",表演者更偏向于"不丢面子"(王晓蓉等,2017),避免给观众造成爱炫耀、做作、虚伪等负面印象。

由此,和观众的互动会对旅游者表演产生影响,但其造成的是有限的影响。这些影响体现在旅游者表演频率和内容两个方面。在表演频率方面,大部分旅游者会有意识地控制在朋友圈舞台上"出场"的频率,避免"直播式刷屏"。这主要出于两个缘由:第一,旅游者认为频繁登场会占用太多"版面",对观众造成打扰,担心观众因此对自己产生"爱炫耀"的负面想法;第二,在表演实践中,旅游者发现频繁的表演频率并不会受到观众同样频率的积极回应,"直播式刷屏"可能会让自己的表演陷入"无人观看""无人鼓掌"的尴尬境地。

在表演内容方面,大部分旅游者表示在保证自己的表演内容符合大致剧本设定,不至于过分脱离角色行为规范的情况下,会按照自己的意愿进行表演,不会特意为了获得观众的赞赏,或试图对观众施加某种影响而一味迎合观众的喜好。由此,下面主要讨论在观众影响下旅游者在朋友圈中会特意避免的表演内容。

第一,避免呈现与自己日常生活中形象有极大冲突的内容。在旅游中,旅游者摆脱了日常的束缚,可能会做出一些与日常生活中承担的角色形象有所冲突的行为,这些"有反常规"的行为和体验虽然在旅游中实际获得,但却不会被搬上带有强关系属性的朋友圈舞台,由此规避旅游中的表演对自己日常生活产生负面影响。第二,避免过多描述自己在旅途中的消极体验。旅游表演的主基调是积极且轻松的,在面对旅游中一些不良体验或消极的偶发事件时,旅游者一般会在朋友圈中将其"过滤",就算决定将其搬上舞台,也会采取自嘲或调侃的方式,以略带轻松的口吻进行描述,避免详细且叙述负面经历或大篇幅地表达自己愤怒、失望等负面情绪,不愿给观众留下爱抱怨、充满"负能量"的消极印象。第三,避免发布可能引起争议的内容。这里的"争议"是指一些有着过强的观点性或过高自我暴露程度的,容易引起误解或不必要麻烦的内容。

第四节　结论与讨论

一、旅游者表演内容的剧本是表演者与观众协调平衡的结果

通过对旅游者朋友圈及访谈内容的分析发现,旅游者在朋友圈中表演的主基调是积极且轻松的,旅游者乐于在表演中突出"我"的存在,希望展现自己身处在美好的景色中、获得了有趣独特的体验以及拥有良好的人际关系。

旅游是一个从工作和其他责任约束中解脱出来的机会,从而为旅游者提供了一个尝试新身份的时机(Krippendorft,1984),但在朋友圈中,面对构成复杂的观众群,表演者扮演的是"旅游者＋"的复合角色,不可避免地受到日常生活行为规范的制约。不过正如前文所分析的,观众对旅游者表演的影响是有限的影响:旅游者表演是面向观众的表演,但朋友圈也是由"我"掌控的舞台。由此,旅游者在朋友圈中的表演是自我与角色、表演者与观众、旅游与日常的协商、平衡与博弈。这种张力下的平衡,逐步形成约定俗成的、双方都能接受的表演剧本,在剧本下进行的表演使旅游者既不会"冒犯"观众,以至引来对自己日常生活的不良影响(例如引起争议、丢面子等),也能够根据自己的意愿对表演内容进行呈现,满足自己的需求。

具体来说,一方面,旅游者通过日常的观察和分享实践,能够察觉到观众的互动偏好以及对表演者的角色期待,并且在一定程度上关注观众对表演的反馈。由此会避免过于频繁的表演频率以及与日常生活中角色形象过分不协调的表演内容,而选择更"安全"、更易被接受的,以轻松积

极为主基调的表演内容。

另一方面,旅游者以"我"为主,不过分寻求观众的赞赏与认可,而是根据自己的真实意愿将旅程中真正触动自己、符合自己审美的内容搬上朋友圈舞台,通过对表演素材的选取、处理和编排完成个性化的自我叙述,这种叙述既是面向外在观众的,也是与内在观众(自我)的对话。旅游者在朋友圈上的表演并非角色和自我的"分割",表演者并不会时时刻刻有意识地思考自己该如何呈现。更多情况下,表演者遵循已经内化的剧本设定,全情投入到自己的角色之中,自我和角色融为一体。正如戏剧理论中的斯坦尼一派所言:"舞台上的真实就是我们所真心相信的…作为演员,我们在舞台上的每个瞬间都应该对所体验到的情感和所做的动作的真实性充满信念"(斯坦尼斯拉夫斯基,2015)。

二、旅游者表演的过程体现了嵌套并行的表演空间

根据旅游者朋友圈表演的过程以及其在整场旅游中的意义,本文认为在场旅游阶段的"实地舞台"和朋友圈的"虚拟舞台"不是割裂分离,而是并行嵌套,旅游者在两个舞台间不是穿梭而是"共在":旅游地的"实地表演"和朋友圈舞台的"虚拟表演"杂糅融合,共同上演。旅游者收集、处理、编排表演素材的过程,已经渗透进旅游的过程,两者相互影响,相互形塑。并且,"日常生活舞台"也通过朋友圈虚拟舞台与身处"异地"的旅游者相连。由此,旅游者表演的过程体现了虚拟表演空间(微信朋友圈舞台)与两个现实表演空间(日常生活舞台及实地旅游舞台)的嵌套并行,本文对此进一步做出如下两点解释。

第一,旅游者通过在朋友圈虚拟舞台上的表演以及和观众的互动,完成了两个实地舞台上"双重在场"的确认。对于实地旅游舞台上的在场而言,旅游者通过四大表演载体在虚拟舞台上记录、呈现自己的旅游经历,

表明自己在旅游地的真实性，完成了互动的发起。而观众的点赞与评论则使旅游者明确感受到，日常生活中有联系的人与此时身处异地的"我"形成了一种虚拟的集体在场，私人记忆过渡为一种经由他人确认且被他人相信的"群体记忆"，自己的表演以及在旅游地的经历变得更加"货真价实"。

对于日常生活舞台上的在场而言，旅途中的旅游者寻求的是一种社会性的"虚拟在场"。旅游者在朋友圈的舞台上"汇报行踪"、与观众保持联系，感受到他人对自己的关心。旅游者与他人在社会与情感方面的亲近性并未因旅行距离而淡化（黄颖华，2014）。正如孙玮（2015）所论述的那样，微信使大众获得一种存在于众人中、存在于世间的存有感。从呈现表演的无焦点互动，到和观众发生具体的有焦点互动，旅游者在朋友圈中完成了自身在两个实地舞台上"在世存有"的确认。

第二，朋友圈中的旅游表演拓展了旅游者与旅游地的互动途径，且与实地表演相互形塑。面对虚拟空间不断渗透进实体空间的趋势，乃至事实，部分文献对于移动社交媒体嵌入旅游过程中这一现象采取消极的态度。例如，张希（2015）指出旅游者常常想要在社交媒体上进行自我展示和分享，取悦其中的各色观众，这种间歇性中断和精力的分散，多少会导致旅游体验深度下降。朱竑等（2020）认为在微信时代，旅游者在现实世界中的旅游行为只是为了服务朋友圈，能否让旅游者拍出满意的照片实现"晒"与"赞"，成了旅游地存在的意义。

但本文认为并行的表演空间给旅游者带来的是"新"的而非"坏"的表演途径和体验结果。这与 Kimber 等（2019）的研究结论有所联系，他们认为数码相机和智能手机使人们能够以新的、更有趣的、具身的方式与旅游景点相遇和互动。同样，发布朋友圈不光是旅游者凝视的表征，更是表演的实践；旅游者在朋友圈中的表演不等同于绝对碎片化的、场景式的分享,更意味着完整的体验链。表演作为一种展示行为,重要的不光是展示的结果和效果,展示的过程和过程中的体验同样意义非凡。多个舞台并行下的表演,开拓了旅游者与目的地建立联系的新途径:旅游者通过各表演载体(例如携带定位),彰显自身与旅游地的连接,为了营造更好的表演效果,还会在线下采取一些例如摆拍、提前准备服饰道具等特定的行为。与此同时,朋友圈中的旅游者表演受到日常生活舞台中观众的影响,但也并不完全意味着表演是对观众的取悦或虚假的"矫饰"。旅游者在朋友圈中的表演成为建构自身独特叙事的重要途径,这种叙事能使旅游者将不同的经验连接成一个独特的、个性化的且连贯的整体(Richards and Wilson,2006),成为旅游体验的一部分。

对于处于日常生活舞台的观众来说,他们也可通过点赞和评论,以"虚拟"的方式留下自己的印记,参与到旅游者的表演中,成为旅游者体验和记忆的一部分。同时,观众也可以是"预备的表演者",在观看他人表演的同时,汲取灵感,学习有关旅游表演的规范,以备日后将线上习得的表演剧本落实到实地表演之中。这些都体现了两个舞台上表演的相互形塑。

参考文献

[1] Adler D. Travel as performed art[J]. The American Journal of Sociology, 1989, 94(6): 1366 – 1391.

[2] Edensor T. Staging tourism: Tourists as performers[J]. Annals of Tourism Research, 2000, 27(2): 322 – 344.

[3] Ferguson S, Veer E. 3 – 2 – 1 bungy: a typology of performance styles[J]. Annals of Tourism Research, 2015, 55(11): 61 – 76.

[4] Giovanardi M, Lucarelli A, Decosta P L. Co-performing tourism places: The

"Pink Night" festival[J]. Annals of Tourism Research, 2014, 44(1): 102 - 115.

[5] Hyde K F, Olesen K. Packing for touristic performances[J]. Annals of Tourism Research, 2011, 38(3): 900 - 919.

[6] Kimber S, Yang J, Cohen S. Performing love, prosperity and Chinese hipsterism: Young independent travellers in Pai, Thailand. Tourist Studies, 2019 (2): 164 - 191.

[7] Krippendorf J. The Holiday Makers [M]. Oxford: Heinemann Professional, 1984: 149 - 157.

[8] Larsen J. Families seen sightseeing: Performativity of tourist photography. Space and culture, 2005,8(4).

[9] Line M. Staging natural environments: A performance perspective[J]. Advances in Hospitality and Leisure, 2013, 9: 163 - 183.

[10] MacCannell D. Staged authenticity: Arrangements of social space in tourist settings[J]. American Journal of Sociology, 1973, 79: 589 - 603.

[11] MacCannell D. The Tourist: A New Theory of the Leisure Class [M]. New York: Schocken Book, 1976: 214.

[12] Marshall C, Rossman G B. Designing Qualitative Research(the 4th Edition)[M]. Thousand Oaks, CA: Sage, 2006: 51 - 74.

[13] Noy C. Pages as stages: A performance approach to visitor books[J]. Annals of Tourism Research, 2008, 35(2): 509 - 528.

[14] Richard G, Wilson J. Developing creativity in tourist experience: A solution to the serial reproduction of culture [J]. Tourism Management, 2006, 27 (6): 1209 - 1223.

[15] Terzidou M, Scarles C, Saunders M N K. Religiousness as tourist performances: a case study of Greek orthodox pilgrimage[J]. Annals of Tourism Research, 2017, 66(9): 116 - 129.

[16] 安东尼·吉登斯.社会学[M].第5版.李康,译.北京:北京大学出版社,2009.
04:118,127.

[17] 黄颖华.后现代视角下的旅游者社交网络行为研究[J].旅游学刊,2014,29(08):
9-11.

[18] 贾一诺,谢彦君,李拉扬.旅游体验的类型与境界——三大戏剧表演理论视角下
的新谱系[J].华侨大学学报(哲学社会科学版),2018(05):31-40.

[19] 李淼,谢彦君.以博客为舞台:后旅游体验行为的建构性诠释[J].旅游科学,
2012,26(06):21-31+67.

[20] 李淼,谢彦君.何为"表演"?——西方旅游表演转向理论溯源、内涵解析及启示
[J].旅游学刊,2020,35(02):121-133.

[21] 李淼.旅游体验中的场现象:一个表演的视角[D].东北财经大学,2017.

[22] 孟蔚.戈夫曼戏剧分析理论述评[J].黑龙江史志,2008(05):58-59.

[23] 欧文·戈夫曼.日常生活中的自我呈现[M].冯钢,译.北京:北京大学出版社,
2008:3;12;89;93-97.

[24] 斯坦尼斯拉夫斯基.演员自我修养[M].刘杰,译.武汉:华中科技大学出版社,
2015:120.

[25] 孙惠柱.社会表演学[M].北京:商务印书馆,2009:118.

[26] 孙玮.微信:中国人的"在世存有"[J].学术月刊,2015,47(12):5-18.

[27] 王金伟,谢伶,张赛茵.自然灾难地黑色旅游发展:居民感知与社区参与——以北
川羌族自治县吉娜羌寨为例[J].旅游学刊,2020,35(11):101-114.

[28] 王晓蓉,彭丽芳,李歆宇.社会化媒体中分享旅游体验的行为研究[J].管理评论,
2017,29(02):97-105.

[29] 吴艺娟,颜醒华.表演学视角下的旅游者后旅游体验行为:对网络游记信息的挖
掘[J].旅游研究,2016,8(05):43-48.

[30] 谢彦君.旅游体验研究一种现象学的视角[M].天津:南开大学出版社,2005:
195-196;207;217.

［31］余志远,刘玥.作为表演者的旅游者:旅游者表演研究的回顾与展望［J］.旅游学刊,2021,36(02):130-140.

［32］张希.体验与分享:网络社交媒体下旅游体验的变迁［J］.山西青年,2015(21):55-56+51.

［33］张骁鸣,常璐.拟剧理论视角下的旅游网络社区人际互动研究——以豆瓣网“穷游”社区为例［J］.旅游学刊,2019,34(07):98-109.

［34］赵红梅,李庆雷.回望“真实性”(authenticity)(上)——一个旅游研究的热点［J］.旅游学刊,2012,27(04):11-20.

［35］朱竑,蔡晓梅,苏晓波,何瑶.“晒”与“赞”:微信时代旅游体验的互动建构［J］.旅游学刊,2020,35(10):96-108.

［36］朱江勇.“舞台互动”:旅游表演学视域下的旅游展演空间［J］.旅游论坛,2014,7(02):87-93.

第六章 基于网络文本分析的
杭州新叶古村旅游
文化游客感知研究

第一节 绪 论

一、研究背景

杭州休闲农业与乡村旅游发展起步 20 世纪 80 年代。最初,主要是当地居民自发为游客提供简单的农家餐饮、农户住宿等服务;到了 90 年代,由于农村产业调整和城市化进程加快,乡村旅游发展非常迅速,杭州市依托乡村自然资源,开始发展以休闲度假、民俗风情体验为主的乡村旅游。21 世纪初,党的十六届五中全会提出建设"美丽乡村"的要求,杭州市积极响应中央号召,当地政府和旅游主管部门对乡村旅游的政策引导和扶持力度进一步加大,并将发展休闲农业与乡村旅游列入工作重点,通过政策支持、财政投入等,把乡村旅游的发展推向了蓬勃的新阶段[1]。但在快速发展的同时,我们也看到一个突出的问题,即在旅游产品开发方面,

---

本章作者:华钢(1983—),男,杭州人,杭州师范大学钱江学院旅游管理系主任,副教授,杭州师范大学钱江学院休闲经济与会奖旅游研究所所长;韩雪冰(1998—),女,安阳人,杭州全都来了网络科技有限公司。

184

许多乡村缺少对本地文化资源的挖掘,一味追求当前热点和流行项目,忽视地方特色,结果换来短暂热闹后的昙花一现。随着乡村振兴、共同富裕等战略的实施落地,这一现象在杭州的诸多乡村中不同程度地出现。例如"稻田小火车""乡村绿道"等项目就同时出现在萧山、余杭、富阳、桐庐等区县中,可见产品雷同,千村一面的情况比较突出。其实,在社会发展过程中,人们在乡村生活、生产中创造的物质和精神财富,承载和蕴含着深厚的地方性文化信息,都是发展乡村旅游的重要文化资源[2]。游客前往乡村进行旅游体验,实质是探求田园风光、建筑文化、乡村饮食、风俗礼仪和家庭祖训等自然和文化资源[3]。因此,本文旨在从游客感知的角度,研究杭州乡村旅游文化挖掘和产品设计等方面存在的问题,并以新叶古村为例,通过网络文本分析法,为杭州乡村旅游文化开发提供新的思路。

二、杭州乡村旅游文化形态

乡村旅游开发的本质是对乡村旅游文化的挖掘与展示。因此,乡村旅游文化的开发必须要对旅游目的地乡村历史文化的脉络、居民生活的轨迹、民俗风情的沿革和自然景观的演变等有清晰的了解。目前,杭州市乡村旅游文化可归纳为以下四种形态。

(一)乡村山水文化

多彩的乡村山水自然景观和经过人类劳动改造后形成的田园景观文化构成了乡村山水文化[4]。杭州位于长江三角洲南翼,属于亚热带季风气候,拥有丘陵和平原共存的复杂地貌,得天独厚的生产条件,造就了物产丰富的杭州,也形成了独特的江南山水田园景观。例如:临安区太湖源镇指南村,位于临安东天目山麓,太湖源头的南苕溪之滨,不仅拥有林木、梯田等自然资源,还拥有历史悠久的人文景观,既可以观光休闲度假,又可以体验农家生活的乐趣。

（二）乡村建筑文化

乡村建筑是当地居民根据地形地势、气候等自然因素和人文历史、审美情趣等精神内涵，建造的具有地方特色的物质形态。杭州的传统乡村建筑具有浓郁的江南水乡色彩，粉墙黛瓦、庭园池塘是其标志性特征。例如桐庐深澳古镇内有传承千年的独立水系，是深澳村居民的智慧结晶。此外，深澳古镇尚存百余座古建筑，保留着明清时期的建筑特色和生活习性，是历史悠久的文化古村落。

（三）乡村饮食文化

"靠山吃山，靠水吃水""就地取材，就地施烹"是乡村饮食文化的主要特色[5]。降水充沛、四季分明的气候和广为流传的历史故事使杭州孕育出了独特而骄人的龙井茶文化，也随之发展出了特色的茶饮食旅游文化。例如：龙井村，因盛产顶级西湖龙井茶而闻名于世，素有"茶乡第一村"。村内旅游资源丰富，山脚开设很多茶社、餐厅，不仅可以品尝当年的新茶，还可以享用到龙井虾仁、农家茶香鸡煲等特色茶菜品。

（四）乡村民俗文化

乡村民俗文化涉及礼仪、服饰、节日习俗、宗教信仰、宗教仪式等各个方面，是经过长期乡村文化的积淀形成特有的地域生活习惯、风土人情[6]。杭州乡村民俗文化有余杭滚灯、淳安竹马、西溪听芦节、瑶山秋千、淳安三脚戏、开茶节、花朝节、龙舟节等。代表性活动如西溪洪园举办的"西溪龙舟文化节"，钱塘江国际度假村举办的"中国国际观潮节"等。

第二节　研究对象和研究方法

一、研究对象

本文以新叶古村为研究对象。主要基于两方面考虑。首先,新叶古村位于杭州建德的大慈岩镇,建于南宋嘉定十二年(1219)。自玉华叶氏第一代定居于此,历经宋、元、明、清、民国繁衍成一个巨大的宗族,成为国内较大的叶氏聚居村。几百年来,叶氏家族在这里建起大片住宅,至今完好保存着 16 座古祠堂、古大厅、古塔、古寺和 200 多幢古民居建筑,被誉为"中国最大的明清古民居建筑露天博物馆",也是浙江省文物局、省建设厅批准的历史文化保护区。村里的街巷有上百条之多,纵横交错的街巷将户与户、房子与房子连成一个有机、有序的整体,构成一幅体现东方神秘文化的立体图像。这些古民居建筑以五行九宫布局,不仅代表中国古代人民辛勤智慧的结晶,还蕴含着中国传统天人合一的哲学思想,是中华传统文化的瑰宝。见表 6-1。

表 6-1　新叶古村古民居建筑列表

序号	名　称	创建年代	序号	名　称	创建年代
1	西山祠堂	元代	6	玉泉寺	宋代
2	抟云塔	明隆庆年间	7	双美堂	清末
3	文昌阁	清同治年间	8	旋庆堂	清初
4	有序堂	元大德年间	9	永锡堂	明代
5	崇仁堂	明宣德	10	存心堂	明代

序号	名　称	创建年代	序号	名　称	创建年代
11	雍睦堂	明代	18	世美堂	清末
12	鼓楼	元代末年	19	柏芳宅	清初
13	翠芳轩	明代	20	素标宅	明代
14	进士第	明代	21	良基宅	清光绪年间
15	是亦居	清末	22	寿华宅	清咸丰八年
16	种德堂药店	清初	23	土地祠	民国
17	叶洪富老宅	明代			

其次,新叶古村也是浙江最典型的农耕村,孕育出十分丰富的地方文化,如众多传统手工技艺、十分优良的耕读文化、古色古香的村落营造技艺、影响深远的民俗节庆等。新叶村的非物质文化遗产个性鲜明,颇具地方特色,其中"新叶昆曲""新叶三月三"均被列入浙江省非物质遗产。除此之外,还有3项列入杭州市级非遗名录,8项列入建德市非遗名录。

二、研究方法

"互联网＋"时代的到来,让旅游者通过在线评论、撰写游记等方式留下"到此一游"的痕迹变得更为便捷;各旅游平台互动性的增强,也让游客越来越愿意分享自己的游玩体验与感受,如携程、去哪儿、马蜂窝等网站都有大量游客关于景区旅游体验的网络文本。这些网络文本是学界研究游客旅游体验的重要数据。网络文本分析法就是对收集到的网络文本进行内容挖掘、信息检索,从文本中抽取特征词进行量化进而标示文本信息的方法。

三、资料来源和数据处理

(一) 资料来源

本文选择携程、去哪儿网、大众点评作为采集评论数据的样本数据库。通过八爪鱼采集软件从三个旅游门户网站共采集新叶古村 2 080 条评论,剔除掉重复、与评价无关的 422 条后,最终整理得到 1 658 条评论(见表 6 - 2),共计 134 317 字,作为本文的样本数据。

表 6 - 2 各网站获取数据统计

网 站	采集数目(条)	有效数目(条)
携程网	542	479
大众点评网	700	690
去哪儿网	838	516

(二) 数据处理

由于样本数据均来自网络上的游客评论,具有主观、随意性,为确保网络文本分析的准确度,本文首先对样本数据进行处理:第一,修改错别字、繁体字;第二,合并同义词句;第三,剔除与景区评价无关的评论。其次,将有效数据以 TXT 文本格式保存,导入到 ROST CM6.0 中,进行词频分析、语义网络分析和情感分析。最后,进行新叶古村的游客感知分析。游客感知是指旅游者对其旅游体验的感受和评价结果,分析游客感知可以更好地了解到旅游目的地的服务质量、开发状况和游客进行旅游体验时的需求,进而帮助旅游目的地提升服务质量,开发能够满足游客需求的旅游产品[7]。

第三节 结果分析

一、高频特征词分析结果

高频特征词是 ROST CM6.0 软件对网络文本进行分析汇总后得到的出现频率较高的词汇。高频词可以反映游客在游览时关注的焦点以及游览后的主要印象。为了更好地分析游客对新叶古村旅游文化的感知情况,本文按照频次从高到低的顺序对与新叶古村旅游文化资源相关的高频特征词进行排序,生成新叶古村旅游文化游客感知排名前 45 位的高频词统计表,见表 6-3。

表 6-3 建德新叶古村旅游文化游客感知
排名前 45 位的高频词统计表

序号	特征词	词频	序号	特征词	词频	序号	特征词	词频
1	古村	762	11	古色古香	72	21	耕读文化	39
2	新叶古村	429	12	明清建筑	64	22	抟云塔	39
3	古建筑	374	13	古塔	63	23	古民居	38
4	历史悠久	259	14	宏村	63	24	露天博物馆	37
5	保存完好	228	15	世外桃源	57	25	历史文化保护区	31
6	民风淳朴	200	16	文昌阁	56	26	木雕	29
7	商业化	182	17	历史文化	53	27	南宋	28
8	古祠堂	182	18	古朴	52	28	原始	24
9	叶氏聚居村	99	19	明清时期	44	29	有序堂	21
10	徽派建筑	86	20	传统	41	30	宗族	19

续　表

序号	特征词	词频	序号	特征词	词频	序号	特征词	词频
31	建筑风格	18	36	原汁原味	14	41	工艺	6
32	千年	17	37	古迹	10	42	文物	6
33	水云间	16	38	祭祖	9	43	传统文化	6
34	过年	14	39	大同	6	44	过节	5
35	民俗	14	40	古香	6	45	美术	3

以乡村旅游文化资源的属性为依据,我们分别从物质文化和非物质文化两个方面来分析游客感知。首先,新叶古村的物质文化方面包括以下几个方面。

第一,历史悠久的特色建筑。"古村""古建筑""历史悠久""古祠堂""徽派建筑"等相关度较高的词汇均排在前十,"明清建筑""古塔""文昌阁""古民居""露天博物馆""历史文化保护区""有序堂"和"建筑风格"等相关词汇也频繁出现。这些高频词汇将新叶古村"历史悠久的古建筑群落"形象生动描绘了出来,游客感知高频词中频繁出现与历史和建筑等密切相关的词汇,可以充分说明新叶古村"中国最大的明清古民居建筑露天博物馆"的名片打造得比较成功,在游客心中留下深刻的印象。"保存完好"一词出现了 228 次,在高频词中排名第五,反映出新叶古村针对古建筑群的保护措施做得较好,完整地呈现了明清时期当地居民生活的建筑风貌,发展古村落旅游奠定了良好的基础。

第二,江南风韵的田园景观。新叶古村内青瓦、白墙、池塘、荷花等布景让其呈现出"烟雨入江南,山水如墨染"的动人风采。但观察表 6-3 中高频词汇,发现反映这些景观的词汇较少,主要原因是乡村旅游大多吸引周边的城市居民,因此江南风韵对于大多数游客来说不足为奇。"徽派建筑"和"宏村"两个词出现的频率较高,一方面说明大多数游客对建筑风格的认知较为清晰,也一定程度上反映了徽派建筑可以作为新叶古村吸引游客的标签之一。另一方面体现出宏村作为古村落旅游开发的成功,给很多游客留下深刻记忆。因此,新叶古村在进行文化开发时,可以在保留其特色的基础上,适当借鉴这一成功范例。

新叶古村的非物质文化主要包含以下两点。

第一,世代流传的宗族文化。"叶氏聚居村""耕读文化""宗族""祭祖"等词体现叶氏传承已久的宗族文化。作为目前中国现存最大的叶氏聚居村,新叶古村不仅把祖先建造的房屋、祠堂等物质文化完好保留,还将家族文化凝练而成的家训、族谱、祭祖仪式等非物质文化遗产传承至今。从游客评论中,可以看出大部分游客在游览过程中对这些文化元素有所感。

第二,丰富多彩的民俗文化。"传统""木雕""过年""民俗""工艺"和"过节"等词出现频率比较高,是游客感知新叶古村非物质文化遗产的缩影,印证了新叶古村对民俗文化遗产资源保护与传承的重视,也是新叶古村拥有丰富遗产与文化资源的体现。但从非物质文化的相关高频词排序和词频数量情况来看,对宗族文化和民俗文化有所感知的游客占比较少。这也反映出新叶古村对非物质文化开发的欠缺,目前新叶古村的非物质文化旅游产品仍停留在观赏、展示的层面,缺乏有新意、有深度地挖掘和开发,导致游客对此部分的感知尚浅,难以产生更深层次的情感冲击和共鸣。

二、语义网络分析结果

词频分析反映游客感知的基本状况,语义网络分析则是了解高频词之间的内在联系和感知维度的结构关系[8]。因此,本文基于高频分析结果,利用 ROST CM6.0 内容挖掘系统的"社会和语义网络分析"功能,绘制出新叶古村旅游文化游客感知语义网络结构图,如图6-1 所示。

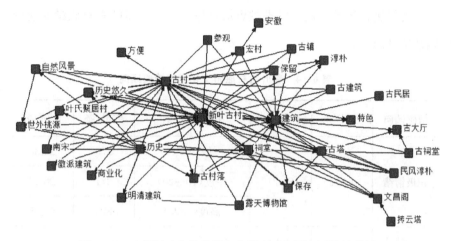

图 6-1　建德新叶古村旅游文化游客感知语义网络结构图

　　图 6-1 中的线条粗细和连线的疏密代表节点之间联系的紧密程度,节点间的线条越粗、连线越多,则联系越紧密。从图 6-1 可以发现,新叶古村旅游文化游客感知有三个明显的话题聚类:"新叶古村"作为地标性名称成为第一聚类中心,围绕其产生的两个副中心分别是"古村"和"建筑",形成了一个中心两个副中心的布局。首先,古建筑作为新叶古村的物质文化遗产和标志性特征,在图 6-1 中呈现出较强的中心性,周围连线密集,关键词语义相似度高,在语义网络中成为仅次于地名的聚类中心。这说明新叶古村的古建筑群落保存良好,在大多数游客心中留下了强烈的体验感知;其次,围绕着"古村"的聚类关键词有"叶氏聚居村""历史悠久""明清""徽派"等,其中包含较多新叶村的、非物质文化资源信息,如叶氏家族文化、悠久的历史沿革等,但这些描述较为宽泛、笼统,透露出游客对非物质文化的感知并不强烈的信息。

三、情感分析结果

情感分析是了解游客感知的重要指标,把握游客的情感倾向可以为新叶古村进行旅游文化开发提供更加具体的参考。新叶古村旅游文化感知情感倾向见表6-4。

表6-4 新叶古村旅游文化感知情感倾向

情感倾向	数量/条	比例/%	分段统计	数量/条	比例/%
积极情绪	1 346	81.21	一般(0~10)	273	20.30
			中度(10~20)	271	20.15
			高度(>20)	802	59.55
中性情绪	73	4.40	—		
消极情绪	239	14.39	一般(−10~0)	193	80.69
			中度(−20~−10)	41	17.09
			高度(<−20)	5	2.22
总计	660	100.00			

从表6-4的分析结果可以看出,大部分游客的情感倾向是积极、正向的。数据显示有81.21%的游客在评论中表达积极情绪,4.39%的游客的表达较为中肯,消极情绪的游客占比为14.39%。值得强调的是,在表达积极情绪的游客中,具有高度积极情绪的评论数量居高,有59.55%。且在表达消极情绪的游客中,具有高度消极情绪的评论数量较少,只占2.22%。

从情感分析结果看,积极评价主要有"典型的江南烟雨图""典型的徽派建筑且保存良好""重视读书的传统古训""建筑群落以五行九宫布局"

"天人合一思想""古建筑雕梁画栋,显示出当时的兴盛""中国古村落活标本""三月三迎神祭祖活动有民俗特色""为期六天的社戏"等。从这些评价中可以看出新叶古村五行九宫的建筑布局、徽派建筑的风格和建筑上的雕饰等物质文化特色得到游客较高的评价。非物质文化方面,游客较为喜欢三月三的传统祭祖、社戏等有观赏性、节庆气氛浓厚、能够体现当地民俗特点的活动。

消极评价主要集中在:"不结合人文故事,没有意思""缺乏中心特色文化,很多东西是其他地方也有的""缺少体验特色的项目,还是传统观光型景区""江浙赣皖的山里这样的古村落有很多,新叶村并不是最好的""纯朴到落后的感觉"等方面,说明游客在进行乡村旅游时对当地的人文故事的讲述、独特创新的文化展示和文化体验活动等比较期待,在游览过程中没有感受到此类元素和项目会有失望、沮丧等负面的情绪。因而,新叶古村的旅游文化开发应该从以保护为主的传统观光型旅游向以保护为本、适当开发的体验互动性旅游转变,增加体验性、趣味性强的活动,让游客真正体验到向往的乡村文化旅游。

第四节　对策建议

乡村旅游开发的最终目的是吸引游客,从而促进地方的可持续发展。因此,从游客感知的角度入手进行研究,可以更为直观地剖析游客的需求,具有更强的参考和实践价值。从上述结论也可以看出,游客感知基本能够反映新叶古村的历史风貌和文化底蕴,但是通过对游客感知更加精准、深入的分析后,暴露出了许多新叶古村文化开发面临的亟须解决的问题。基于此,本文对新叶古村乡村旅游文化的进一步开发提出以下几条建议。

一、坚持保护先行，适当修缮改造

乡村旅游的本质属性是乡村文化，对于新叶古村来说，明清时便留存下来的古建筑不仅是新叶的物质文化遗产，承载着一代代叶氏子孙的记忆和时光的痕迹，也是新叶打造乡村旅游胜地的一张名片，是中华民族文明的缩影。保持新叶古村建筑的原有风貌和叶氏家族的传承，彰显其传统文化和独特风韵的完整性，是提高游客良好感知的必要条件。但保护不是一成不变，在游客评价中看到很多"纯朴到落后""只是一个破旧的小村庄"等文字，说明古村的基础设施建设不够完善，对古建筑过于注重保护，没有做好修缮和恢复原貌等工作，以至于在游客眼中新叶古村是一个"破败的小村庄"。因此，一方面，要在进行文化资源开发时注重传承，保留古建筑的传统风貌。另一方面，应及时整治新叶古村的建筑环境，完善基础设施建设，对古建筑进行专业的维护与修缮，还原明清时期叶氏族人生产生活的场景，让游客产生身临其境的体验感。

二、进行区域划分，明确文化功能

新叶古村的建筑布局具有五行九宫的特色，很多游客对此有"像迷宫""体现了传统思想"等评价。这样的布局独属于新叶的建筑特色，如果不进行合理规划，不仅会使难得的特色被忽视，还会给游客造成景区规划不合理、容易迷路的负面印象。基于对游客感知和新叶古村文化资源的分析，可以对新叶古村的旅游文化开发进行区域划分，分为文化陈列区、文化体验区和居民居住区三个区域。文化陈列区主要展示叶氏居民世代流传的生产工具和生产技艺、耕读文化影响下的励志人文故事、叶氏的祖训、族谱、传统的木雕艺术品等等，同时在文化陈列区还可以定期举办主题展览、研学教育活动。文化体验区可以进一步细分为农事活动体验区、节庆表演体验区和非遗文化学习区等不同的类别，在不同的区域内开展互动的活动，如农作物种植、节庆表演观赏、非遗技艺学习等。旅游开发的根本目的是让当地居民过上更好的生活，不能以牺牲居民的居住环境为代价进行旅游开发，且本地居民的存在可以更好地维护原有文化的发展。因此，新叶古村应该进行居民居住区的规划，协调好当地的旅居关系。

三、深挖民俗文化，打造品牌活动

叶氏世世代代的传承留下了"族谱""族规""祭祖仪式""雕刻技艺""酿酒"等非物质文化遗产。这些无形遗产更易消逝，因此需要加大保护与传承的力度。目前，新叶古村已推出的特色活动有"晒秋节""三月三祭祖典礼""春节七天乐""金猪节"等，这些活动融合当地的民风民俗，在欢声笑语中将本地的文化传递给游客。但是，这些活动的开展方式仍是以观赏观光为主，参与体验为辅，缺乏与游客的情感互动。应结合新叶古村独特的民俗文化资源，开发民俗风情浓郁、参与性高的旅游体验活动，如策划"晒秋节嘉年华""三月三祭祖大典"等系列节事活动、举办特色的农产品售卖集市、开展酿酒比赛、木雕艺术品展览、举办建筑摄影大赛等，利用这些系列活动打造叶氏文化的 IP，讲好独属于新叶古村的故事，为游客带来更多的情绪价值，提升游客的体验度。

四、探索数字旅游，融合文化与科技

在数字化时代的背景下，进行旅游开发时可以探索文化与科技融合的新路径。首先，信息化时代，建立文化传播途径尤为重要，旅游文化开发更要搭建好智慧旅游文化平台，如创建官方微信公众号、微博账号和小红书账号等新媒体渠道，定期推送相关的节庆活动、人文故事、季节美景等文章、图片。创建新叶古村官方小程序,上线景区预约,民宿、餐饮预订,VR 地图,导游讲解等服务。其次,传统的图片、文字、情景表演的方式缺乏视觉冲击力,难以给游客形成眼前一亮的视觉印象。新叶古村在进行文化开发时,可以考虑将数字化场景融入景区建设中,可以在文化陈列区使用 VR、AR 等技术让原始的生活场景通过情景再现的方式呈现在游客眼前。在保持乡村文化内涵的前提下,搭建乡土文化与现代社会的沟通桥梁。

参考文献

[1] 吕良.杭州乡村旅游发展中的问题及对策研究[D].桂林:广西师范大学,2014.

[2] 李红云,刘前梅.数字化时代乡村旅游文化创新性开发与保护[J].大众文艺,2020
(07):253-254.

[3] 朱晓彤.精准扶贫背景下乡村旅游文化保护策略研究[J].山西农经,2019(20):
80+82.

[4] 何玮.社会参与视角下的乡村旅游文化保护与发展研究[J].宁波大学学报(人文
科学版),2012,25(05):94-97.

[5] 赛江涛,乌恩.乡村旅游文化内涵的界定[J].河北林果研究,2006(03):343-
345+353.

[6] 张瑛,史凯静,刘建峰.基于网络游记的大运河文化遗产游客感知研究[J].地域研
究与开发,2020,39(04):79-85.

[7] 王震,张建国,沈梦涵.杭州乡村旅游地空间布局特征与优化路径研究[J].中国农
业资源与区划,2017,38(07):94-100.

[8] 王颖异.基于网络文本分析的古村落旅游地形象及游客体验质量研究[D].武汉:
华中师范大学,2020.

第七章　场景视域下旅游休闲街区夜间品牌分析

第一节　研究背景与研究进展

一、研究背景

近年来,随着旅游消费升级和城市功能的不断完善,城市旅游休闲业态和旅游客群正在快速崛起,并成为拉动各地经济、促进消费的"火车头"。旅游休闲街区成为现代城市商业街的一种新的发展趋势,不管是形式上还是内容上都得到了丰富与拓展。2020 年 7 月 30 日,在我国《十四五规划建议》中第九条指出"要打造一批文化特色鲜明的国家级旅游休闲城市和街区"①。再次明确了文化、旅游与城市一体化发展的理念。这意味着扩大旅游休闲消费市场,优化旅游休闲产品将成为文旅发展的重点,建设旅游休闲街区的热度将进一步加强。同时,消费者的代际变迁引起消费环境与行业的巨大转变,我们所生活的场所也在不断地变化,美术馆、博物馆、快闪店、球类馆等各式休闲娱乐设施都通过不同的形式构造

本章作者:张馨瑞(1997—　　),女,河南信阳人,上海师范大学旅游学院硕士研究生;毛润泽(1976—　　),男,河南夏邑人,上海师范大学旅游学院副教授。

① 新华社.解读中共中央关于制定"十四五"规划和 2035 年远景目标《建议》[EB/OL]. http://www.gov.cn/xinwen/2020 - 11/04/content_5557125.htm.2020.

出风格特异的场景,而不同的"场景"也正代表着城市不同的文化价值取向,从而引导着市民到此消费并推动城市的发展①。场景赋予了人们在城市生活中的意义、感受和情感共鸣,重新定义了城市经济、城市活动以及人们日常生活的各个方面,成为能够满足人们美好的体验需求、人际交往与消费需求的空间载体。

二、研究进展

(一) 场景理论

场景一词,原指戏剧、电影拍摄的场地和布景②,是在一定的时间与空间范围内所发生的特定行动,或者因为某人或某事共同构成的特定情景画面,是人类行为的一种表现方式。一般认为场景除了强调特定的活动与地点外,还可以指某个地点的美学意义,具备多重含义③。国内学者彭兰认为场景不仅包含了日常中的情境,还包括空间的、行为的以及心理的环境氛围,这些对人们的行为特点与需求特征起着决定性作用;郜书锴学者也表示场景主要由场所与景物等硬要素以及空间与氛围等软要素共同组成④。总之,场景就是由各种消费实践所形成的具有符号意义的社会空间,个体选择在此进行消费以获取所需要的情感体验⑤。

场景理论是由尼尔·亚伦·西尔与特里·尼科尔斯·克拉克领衔的新芝加哥学派在二十一世纪初期所提出的概念,克拉克团队经过对几大典型城市的比较分析,认为不同的城市生活娱乐场所产生不同的社会场

---

① 桂慕梅.场景、民俗及认同:天津古文化街年货市场研究[J].云南民族大学学报(哲学社会科学版).2015,32(03):83-92.
② 谭天.从渠道争夺到终端制胜,从受众场景到用户场景——传统媒体融合转型的关键[J].新闻记者.2015(04):15-20.
③ [加]尼尔·亚伦·西尔,[美]特里·尼科尔斯·克拉克.场景——空间品质如何塑造社会生活[M].祁述裕,吴军,译.北京:社会科学文献出版社,2019:p39-p41.
④ 郜书锴.场景理论的内容框架与困境对策[J].当代传播.2015(04):38-40.
⑤ 吴军,夏建中,特里·克拉克.场景理论与城市发展——芝加哥学派城市研究新理论范式[J].中国名城.2013(12):8-14.

景与文化价值,并以此引发了不同的消费人群,从而形成人力资本与新兴产业的集聚效应,推动了城市化①。这一理论的提出对重新审视城市的发展具有重要的突破意义。随后,美国的许多学者开始根据黄页和人口调查数据对当地的一些地区进行场景分析。之后,其他国家的学者也开始尝试使用类似的方法制作当地的场景地图,并探索国家之间场景的比较分析,如 Miree Byun 等据此展开对首尔城市场景的分析,并与东京等城市进行对比,发现波希米亚场景在不同国家存在的差异②。这些研究都进一步地加速了场景理论在其他国家的传播与应用。

国内关于场景理论的研究以 2015 年为主要节点。2015 年以前,学者的研究重点在于理论本身的完善,如徐晓林等在文章中表达了场景社区环境、文化设施、场景蕴含的文化价值以及人群之间存在着一定的关联性③;吴军等指出场景理论将为城市转型与发展提供新的理论视角,对该理论进行了完善与补充④;郝书楷进一步围绕场景概念演进,指出场景是人与周围景物关系的综合,并以此为依据建立了场景的理论框架⑤。2015年以后,随着理论的不断完善,国内学界关于场景理论的实证应用研究才开始逐年增长,涉及领域也逐渐广泛,研究方向愈加多元化。随着现代智能技术的跨越式进步,场景理论运用与研究空间也越来越大。

(二) 旅游休闲街区场景与夜间品牌的关系

互联网时代人们喜欢的不仅仅是产品本身而是产品所处的场景,以及场景给自己带来的情感。品牌不是要突出产品的功能而是要突出产品

---

① N C T. Amenities drive urban growth: A new paradigm and policy linkages, the city as anentertainment machine[J]. Research in Urban Policy. 2004, 9(03): 291 – 322.
② Miree, Buin, Wonho, et al. Map of 'Seoul Scenes' and Its Use for Space Characterization[J]. 서울연구원 정책과제연구보고서. 2010: 2010 – 2021.
③ 徐晓林,赵铁,特里·克拉克.场景理论:区域发展文化动力的探索及启示[J].国外社会科学.2012(03): 101 – 106.
④ 吴军,夏建中,特里·克拉克.场景理论与城市发展——芝加哥学派城市研究新理论范式[J].中国名城.2013(12): 8 – 14.
⑤ 郜书锴.场景理论的内容框架与困境对策[J].当代传播.2015(04): 38 – 40.

和用户有情感共鸣的结合点。越来越多的品牌愿意植入场景,与场景连接,传播自己的品牌形象。一方面,不同的媒介手段可以帮助将旅游休闲街区中的场景与品牌之间连接起来,品牌的传播也不再受到时间、地点、设备等因素的限制,随时随地能够被传播,自媒体时代的到来,使每个人都能成为传播者,越来越多的视角可以展现旅游休闲街区的风貌,吸引更多的游客关注街区的文化、历史以及街区所在城市的发展等,提高街区的品牌知名度和品牌形象,继而带动整个城市旅游发展与品牌形象传播。

另一方面,旅游休闲街区由各类设施、人群和活动组成,这些构成了现实的场景,在现实的场景中,不同的组合形成特定的场景,因蕴含的文化价值不同,吸引的人群价值取向也不相同,人群前往并集聚进行消费,这些人群又会以图片、视频、文字等形式将街区中的场景传递给其他受众,其他受众能据此感知到街区中的各种场景,形成媒介记忆,当这种场景反复出现,就会延长游客的记忆点,从而形成对街区品牌形象的初步认知。日后人群在想去浏览这类目的地时会浮现这些场景并选择前往现实的场景中进行体验,这样的现实场景与媒介场景之间的相互影响,最后促进街区的品牌形象传播与发展。它们之间的关系即本文所立足的理论框架,具体关系图可以参照图7-1。

依据场景理论的视角,街区品牌的提升需找准街区独有的发展定位和文化风格,街区中的各类设施、人群、活动能够与街区主题与文化融合[1],夜间品牌感知其实就是游客夜间浏览街区的过程中,通过对周围设施的使用与消费、活动的参与及体验等过程,对其产生的整体认知与评价。而场景理论的客观研究体系正是围绕着场景中社区、设施、人群、活动四个要素展开分析,这里的社区是指一个空间载体,也就是街区;设施是指各种便利设施,即街区中的各种类型的店铺、建筑等;人群是指在场

---

① 刘桂茹.场景的"再场景化":新媒介时代文创街区的媒介形象建构与传播[J].福建论坛(人文社会科学版).2020(02):65-73.

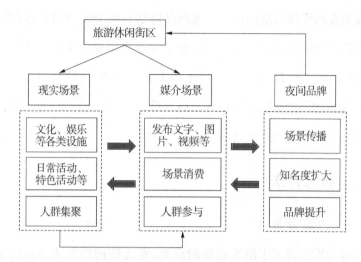

图 7-1　旅游休闲街区场景与夜间品牌关系图(作者自绘)

景中活动的各类人群,即旅游者在街区中接触到的各类人群,如服务人员、商店老板等;活动是指街区中的表演、节庆活动等。这几个要素也正构成了游客在街区中最常接触到的要素,其中舒适物可以对设施进行量化处理,能够更好地解释场景,所以本文尝试从街区、舒适物、人群、活动四个要素展开对街区夜间的场景分析。

第二节　研究对象与数据收集

一、研究对象

本文研究对象选取的为"姑苏八点半"夜经济品牌中的代表性旅游街区,"姑苏八点半"是苏州市重点打造的一项集文旅、消费与休闲,全市域、一体化赋能古城文化的夜经济品牌。品牌活动主要集中在姑苏区,包括了观前街、山塘街、平江路等街区及其他形式的景点,自响应政策以来,观前街、山塘街及平江路历史文化街区全力打造文商旅深度融合、辐射带动能力强的夜间经济示范街区。一系列品牌活动的开展,使得观前街、山塘街及平江路历史文化街区的商圈人流量和销售额双双实现大幅增长。其中,据统计,观前街日均人流量达到 26.1 万人次,同比增长 50.1%。2021年五一期间,更是突破纪录,单日最高人流量达到 44.1 万人次,创下 2001年观前街开街以来的历史新高[1]。

二、研究方法

(一)内容分析法

内容分析法多用于游客感知的研究,本文使用该方法分析旅游休闲街区,一是因为本研究的街区选择对象多,一共有三个街区,功能各异,游客数量也比较多。二是因为利用网络收集信息较为丰富,且能够体现游客的主观感受[2]。研究主要以 ROST Content Mining 6 软件为技术支撑,它是一款知识处理与内容挖掘软件,具有自定义词表、高频词统计、可视化分析、情感分析等功能。

(二)问卷调查法

对街区夜间品牌感知的研究,需要了解街区场景中游客的具体评价与意见,而问卷调研法可以直接获取到相关的数据。本文通过 SPSS 25.0 软件对问卷和文本中得到的数据进行差异分析,继而得出准确的品牌个性词。

三、数据收集

(一)网络文本数据

通过旅游网站的搜索发现,评论数量较多的为携程旅游网和去哪儿

---

① 名城新闻网.观前商圈文旅消费规模与日俱增 人流量销售额大幅提升[EB/OL]. http://news.2500sz.com/doc/2021/08/29/757998.shtml.2021.
② 中商情报网.2020 游客喜爱的十大夜市名单[EB/OL]www.askci.com2020.

旅游网,故本研究首先于2021年3月5日通过八爪鱼和火车头采集器,爬取上述两个网站中关于"姑苏八点半"夜间品牌中的街区评论,以及马蜂窝网站的相关游记(评论与游记皆为近六年的数据)。然后进行数据筛选,在Excel表格中根据图片内容与相关的字眼如"夜""灯""夜晚"等,排除白天游客的评论,最终得到836条相关评论与95篇游记(见表7-1)。之后,对数据进行规范化处理,共整理有效文本信息约142 704字。

表7-1　夜间评论数与游记篇数

网　　站	苏州观前街	苏州山塘街	苏州平江历史文化街区	总　　计
携程(评论数)	107	343	236	686
去哪儿(评论数)	179	405	135	719
马蜂窝(游记数)	44	30	26	100
合计 评论数	286	748	371	1 405
合计 游记数	44	30	26	100

(二)问卷调研数据

1. 问卷设计

问卷的第一部分为夜间品牌个性的测量,根据已有旅游目的地品牌个性测量的文献研究发现,学者们对于旅游目的地品牌个性的测量主要集中在以下两种方式,一是采纳代表性学者的量表,根据以往研究汇总出比较符合当前研究目的地的个性词,再通过焦点座谈,寻求专家意见,对个性词语进行评估商议,得到最终的品牌个性测量词汇[1],[2];二是

① 张春晖,白凯.乡村旅游地品牌个性与游客忠诚:以场所依赖为中介变量[J].旅游学刊.2011,26(02):49-57.
② 唐小飞,黄兴,夏秋馨,等.中国传统古村镇品牌个性特征对游客重游意愿的影响研究——以束河古镇、周庄古镇、阆中古镇和平遥古镇为例[J].旅游学刊.2011,26(09):53-59.

根据问卷、访谈或文本分析对描述旅游目的地的品牌个性的词汇进行收集筛选,提炼出能够充分反映研究对象的个性特征词,确定个性词[①]。

本研究首先通过相关文献梳理获取初始的个性词汇表,然后通过对前文收集到的游记进行定性分析,以场景的四个要素进行分类整理,再利用编码与归类的方法,将语段进行分解、提炼关键词,最后将同类的关键词归纳为相贴切的品牌个性词。总共提取出 42 个相关的个性特征词,结合编码后最终确定了 80 个夜间品牌个性词,见表 7-2。

表 7-2 最终夜间品牌个性词汇表

四大要素	个 性 特 征 词
街区	有名的、迷人的、干净的、时尚的、古色古香的、文化的、卫生的、有魅力的、江南韵味的、雅致的、安静的、古典的、繁华的、新潮的、普通的、现代的、市井的、气派的、民族的、始终如一的
设施	有创意的、现代化的、江南风情的、古色古香的、古典的、迷人的、雅致的、恬静的、温柔的、神秘的、精致的、独特的、干净的、简单的、安全的、卫生的、讲究的、贴心的
人群	恭敬的、年轻的、实在的、文艺的、质朴的、热情的、专业的、勤奋的、喧闹的、可爱的、亲切的、友善的、有活力的、有礼貌的、进取的、接地气的、成熟的、真挚的、随性的
活动	惬意的、悠闲的、新潮的、多元的、美味的、有趣的、朴实的、活力的、舒适的、创新的、独特的、清新的、放松的、庄严肃穆的、清静无染的、修身养性的、愉悦的、享乐的、冒险的、文化的

第二部分为街区形象的测量,主要为品牌感知中街区形象这一维度的测量,了解游客对街区夜间品牌的整体印象,以便对调查街区的品牌感知有全面的分析与理解,问题共计五道,采用李克特量表进行定量分析,

---

① 母泽亮,李露苗.基于旅游者感知的旅游目的地品牌个性研究——以重庆旅游品牌为例[J].重庆师范大学学报(自然科学版).2013,30(02):123-127.

主要为完全同意、比较同意、不知道、比较不同意、完全不同意五个量度。
具体见表 7-3。

表 7-3　街区形象的测量

维度	题　　项	要素	参　　照
街区形象	"姑苏八点半"在苏州是比较著名的	知晓度	王晓璐(2010)、郑爽(2020)①
	我认为该街区是苏州夜间品牌的代表	品牌形象	Smith9(1998)②
	整体而言,街区的夜景给我留下的印象很好	认可度	Yoon&Uysal(2005)③、贺景(2018)④
	以后有机会会再来	整体形象	Hong 等(2012)⑤、李翠玲等(2017)⑥

第三部分为游客的基本信息,涉及的主要问题有性别、年龄、职业、客源地四个方面的内容,目的在于通过基本信息了解"姑苏八点半"品牌吸引的主要人群类型。

2. 问卷收集与处理

问卷发放主要为网上与实地调查,网上调查主要通过微信等社交软件向浏览过该街区的游客发放问卷星问卷,实地调查主要采用了纸质版问卷和扫描二维码两种参与答题方式,与线上问卷同步进行,调研时间包

① 郑爽.旅游景区品牌形象影响因素及提升策略研究[D].南昌:江西财经大学,2020.
② Smith J B. Buyer-Seller relationships: Similarity, relationship management, and quality[J]. Psychology and Marketing. 1998,15(1):3-21.
③ Yoon Y, Uysal M. An examination of the effects of motivation and satisfaction on destination loyalty: a structural model[J]. Tourism Management. 2005,26(1):45-56.
④ 贺景.云南省旅游目的地形象评价与优化研究[D].昆明:云南大学,2018.
⑤ Horng J S, Liu C H S, Chiu H Y, et al. The role of international tourist perceptions of brand equity and travel intention in culinary tourism[J]. Service Industries Journal. 2012,32(15-16):2607-2621.
⑥ 李翠玲,秦续忠,赵红.旅游目的地品牌忠诚度与整体印象影响因素研究——以新疆昌吉州为例[J].管理评论.2017,29(07):82-92.

含了周末与日常普通时期,实地调查过程中准备了防护口罩作为问卷小礼品,以提升问卷回收率。总计得到 485 份有效问卷。

第三节　旅游休闲街区夜间
品牌的场景分析

一、街区夜间品牌整体分析

社区是构建场景的基本单元,本研究的研究对象为"姑苏八点半"品牌相关的旅游休闲街区,其场景所在的空间场所即街区,故本节主要以街区为主开展分析,从网络文本与问卷调查两个方面对其进行分析。

（一）基于网络文本的街区夜间品牌整体分析

本文根据前文的数据处理方法统计出三个街区夜间旅游目的地形象的高频特征词,根据次数出现频率降序排序,选取每个街区的前 40 个高频词,排名比较靠前的词语主要以名词、形容词、动词为主,名词主要指街区中被关注到的景点、店铺、建筑、美食等;形容词则主要反映的是游客对街区的夜间文化氛围、建筑特征、夜景等形象特点以及在旅游过程中的主观评价与感受;动词表达则是游客在街区中主要进行的行为活动。这些被游客提及次数最多的词语,一定程度上表明了游客夜晚游览街区时感受最为深刻、感知更强烈的部分。

根据整理发现关于三个街区的夜间品牌整体评价的词语有相似之处也有不同之处。首先,关于观前街夜间整体形象的描述词中,"商业街""步行街""历史悠久""现代化""江南风情"等频率最高;山塘街夜间整体形象的高频特征词有"小桥流水""江南水乡""古色古香"等;平江路历史文化街区的词汇描述有"历史街区""小桥流水""古色古香"等,根据这些高频特征词可以发现山塘街和平江历史文化街区的风格有些类似,关于整体街区形象的高频词重合度也最高,说明这两个街区的江南水乡风格给游客留下了深刻的印象,并认为这些街区代表了苏州的江南风格,尽显小桥流水的温柔乡。而游客对观前街的感知更倾向于是一条商业步行街,更加现代化,同时在游客眼中也是一条也有着江南风情的历史悠久的街区,只是对游客而言,对街区商业化氛围等方面的感知更强烈一些。除此之外,还有体现三条街区独具特色的意象,如山塘街的"灯笼""夜景""游船"构成了山塘特色的"夜"场景,而"猫的天空之城"作为平江路上的特色书店,也给街区增添一份独特。

(二)基于问卷调查的街区夜间品牌整体分析

为进一步衡量游客对街区的整体夜间评价,问卷中设置了游客对街区夜间品牌整体评价的问题,然后利用 SPSS 25.0 对问卷收集到的结果进行分析,统计结果见表 7-4。

表7-4　游客对三个街区的总体夜间评价

街　区	问　　题	平均值	标准差
观前街	"姑苏八点半"在苏州是比较著名的	3.52	1.058
	我认为该街区是苏州品牌形象的代表	3.78	0.863
	整体而言,街区给我留下的印象很好	3.88	0.812
	以后有机会会再来	3.88	0.864
山塘街	"姑苏八点半"在苏州是比较著名的	3.38	1.005
	我认为该街区是苏州品牌形象的代表	3.64	0.959
	整体而言,街区给我留下的印象很好	3.75	0.888
	以后有机会会再来	3.67	0.977

街　区	问　题	平均值	标准差
平江路历史文化街区	"姑苏八点半"在苏州是比较著名的	3.32	1.244
	我认为该街区是苏州夜间品牌的代表	3.67	0.999
	整体而言,街区给我留下的印象很好	3.81	0.994
	以后有机会会再来	3.87	1.066

从表4-1可以看出,总体而言,游客对三个街区的夜间品牌评价较好,平均值都在3分以上,说明问卷调查中的游客对街区夜间的整体印象不错,有愿意再来的意愿,但就"'姑苏八点半'在苏州是比较著名"这一题项的结果来看,相对于其他题项其平均值较低,这也侧面表明游客对"姑苏八点半"这一夜经济品牌的认知还比较低,品牌的存在感较弱。另外,通过问卷调查发现,不仅外地游客对于"姑苏八点半"的了解不是很多,本地游客对"姑苏八点半"的了解程度也不高,不少本市游客表示没有听说过该品牌。从网络文本中收集结果中也发现与"姑苏八点半"相关的评论条数比较少,这表明"姑苏八点半"夜经济品牌的知名度不是很高。从实地考察来看,街区中与"姑苏八点半"相关的标识与设施较少,仅观前街设置了一些相关的夜间标识,且不明显。虽然有官方的微信公众号以及微博号等,但粉丝的关注数量不是很高,这也说明了品牌的营销力度还不够,未在一定范围内广泛传播。

二、街区夜间舒适物分析

"舒适物"是特定空间中的商品及服务为消费者带来的愉悦效用,是场景理论中衡量空间文化的基础信息①,人群依托于舒适物进行消费活

---

① 陈波.基于场景理论的城市街区公共文化空间维度分析[J].江汉论坛.2019(12):128-134.

动,形成人与空间的相互作用[①]。因此本文为了解各个街区夜间营业的舒适物数量,调研小组于 2021 年 10 月 30—31 日前往实地进行考察,经统计,截至 2021 年 10 月末,三个街区内已有的夜间营业的舒适物共有 83 项。通过三个街区现有夜间舒适物的综合对比,按照夜间场景空间中休闲娱乐空间、文化服务空间、餐饮美食空间、生活服务空间、户外设施划分出 36 种舒适物类型.见表 7-5。

表 7-5　舒适物种类说明

空　　间	舒适物分类说明
休闲娱乐	文化创意商店、音乐酒吧、摄影、密室逃脱、VR 体验馆、宠物店、茶馆
文化服务	艺术馆、剧场、博物馆、文创工作室、会馆、书店、曲艺馆
餐饮美食	面包甜点、茶饮咖啡、餐厅、小吃
生活服务	停车场、花店、酒店/民宿、便利店、综合商场、银行、服装店、首饰店、眼镜店、消费电子产品店、化妆品店
户外设施	雕塑、桥、休息椅、吸烟区、夜间照明设施、灯光类艺术设施、夜间活动场地

(一)街区夜间舒适物数量

根据大众点评、Bigmap 以及实地考察对夜间三条街区中各种舒适物的数量进行统计。结果可见表 7-6。从各种类型舒适物的占比来看,观前街夜间提供的生活服务类舒适物占比最高,达到 42.2%,是街区最主要的舒适物种类,其次是建筑空间类舒适物和餐饮美食类舒适物,达到了总数量的四分之一;山塘街夜间提供的户外设施类舒适物占比最高,超过了总舒适物的 80%,其余三种类型的舒适物占比差异不是很大,比较均匀;

① 傅才武,王昇凡. 场景视阈下城市夜间文旅消费空间研究——基于长沙超级文和友文化场景的透视[J]. 武汉大学学报(哲学社会科学版). 2021,74(06):58-70.

平江路的户外设施与生活服务类舒适物占比较高,均超过了总舒适物的五分之一,其余类型的舒适物数量不相上下。总体上,平江路历史文化街区中各类型的舒适物数量更为均衡,其次是山塘街,观前街的舒适物种类及其数量之间差异更大一些。

表7-6 街区夜间舒适物数量统计

舒适物	观 前 街	山 塘 街	平江路历史文化街区
休闲娱乐	33	18	25
文化服务	6	11	28
餐饮美食	167	28	21
生活服务	281	24	34
户外设施	179（其中夜间灯光类景观设施有33）	566（其中夜间灯光类景观设施有559）	65（其中夜间灯光类景观设施有32）
占　比			

从与夜间场景直接相关的舒适物来看,实属夜间元素的彩灯、灯光类艺术设施、灯光廊道、酒吧、音乐舞台、大屏幕、创意灯光快闪店等占据的舒适物数量来看,观前街的灯光景观舒适物在类型上更丰富,更多元;山塘街的灯光景观设施数量最多,但种类比较单一,光是灯光照明就占据了街区所有夜间相关景观舒适物数量的98%,与此同时,山塘街内酒吧的数量也是三条街区中最多的,酒吧是衡量城市夜生活水平的重要指标,是有

价值的元素和夜间消费的重要空间类型①,其数量与分布能够反映一个地方的夜间活力和夜生活水平,由此可见山塘街的夜间生活相对于其他两个街区来说比较丰富;平江路灯光景观舒适物单从数量上来看占比适中,占据了户外设施的二分之一左右。

（二）街区夜间舒适物空间分布

因单纯地从舒适物数量无法解构整个街区的夜间场景,为进一步观察该街区的夜间场景,本研究通过实地考察,确定了各街区夜间舒适物的空间位置。从夜间舒适物的空间分布来看,三条街的舒适物的类型分布及聚集程度不尽相同。

1. 观前街夜间舒适物空间分布

在观前街各个区域都遍布着生活服务类的舒适物。总体上,区域的功能性明显,主街道主要为休闲购物,次街道为餐饮美食,但休闲娱乐类以及文化服务类舒适物的空间整体呈现散点式布局,没有单独的区域分布,空间特征不够明显。

从夜间相关的户外设施的分布来看,观前街的主街道有两个灯光廊道,六个灯光类艺术设施,依附在建筑上的灯光、树上挂灯以及灯光类艺术设施等景观进一步强化了夜间元素在街区中的地位,同时也对游客构成了一定的文化吸引力。从夜间活动场地来看,观前街的次街道是主要的夜间活动场地,集聚休闲娱乐与餐饮美食类舒适物,也是"姑苏八点半"品牌活动展开的重要区域,此区域的设施包含有各类夜间元素,中间的集市广场提供有可以进行音乐展演的场地,四周分布了各种网红打卡设施。除此之外,主街道的生活服务类舒适物中也存在与夜间相结合的业态,如不少与景点相融合的商铺,店铺外层设计为简易的旅游景

---

① 黄翅勤,彭惠军,苏晓波.全球在地化背景下文化遗产地游客的酒吧消费体验研究[J].旅游学刊.2021,36(10):26-38.

点,进入内部后是卖饰品等的小店铺,以及创意灯光类快闪店等。可见图 7-2。

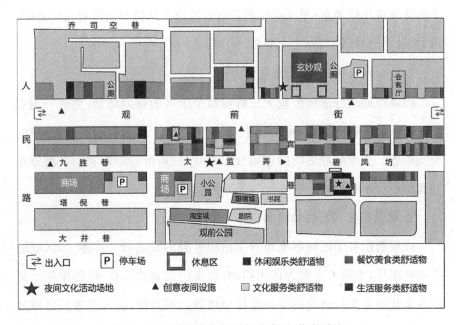

图 7-2　观前街夜间舒适物分布图(作者手绘)

2. 山塘街夜间舒适物空间分布

　　山塘街的夜间生活服务类舒适物主要集中在街区的前半部分,后半部分主要为餐饮和文化服务类舒适物,夜间活动场地以及音乐酒吧主要集中在街区后半部分以及下塘区,舒适物的分区比较明显,各区域的主要功能也比较明确,夜间活动场地也比较集中,具体见图 7-3。

　　山塘街的夜间场景灯光类舒适物数量虽多,但主要是以灯笼为主,以灯笼为主要灯光的设施几乎占据了整个街区,网络文本中也多出现"灯笼"的字样,说明灯笼无论从数量上还是从灯光效果上都给予游客一定的感官刺激,也带给游客最深刻的体验。夜间活动场地周围设置了一些艺术类灯光设施,可供游客参观、拍照等,以及创意的留言彩灯墙。但这些

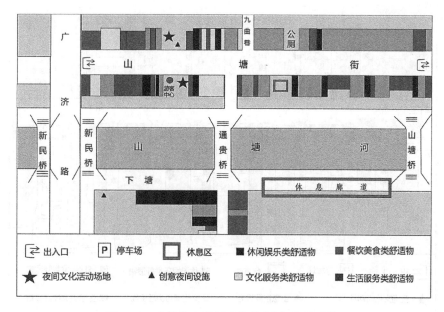

图7-3　山塘街夜间舒适物分布图(作者手绘)

设施无法体现苏州特有的文化内涵,与各街区普遍具有的灯光类设施无太大差别,只是简单地摆放在景区的某一个位置,并不能给游客带来深刻的印象,游客往往只是拍一张照片,游客也并不会因此加长游客的逗留时间,也不能给游客带来深刻的文化感知。

3. 平江路历史文化街区夜间舒适物空间分析

从图7-4中可以看出,平江路历史文化街区的舒适物主要分布在道路的一边,这与其因依水而建的特殊地理环境息息相关,道路的另一边主要为居民区,也分布有少量的舒适物。从舒适物整体的空间分布来看,各种类型的舒适物在空间分布上比较零散,功能分区不是特别的明显。从夜间活动场地来看,没有可供游客参与夜间活动的场地,且没有能体现"姑苏八点半"品牌效应的产品、标识等,灯光类景观设施主要为挂在树上的小彩灯,以及地灯,形式比较单一,文化吸引力不足。

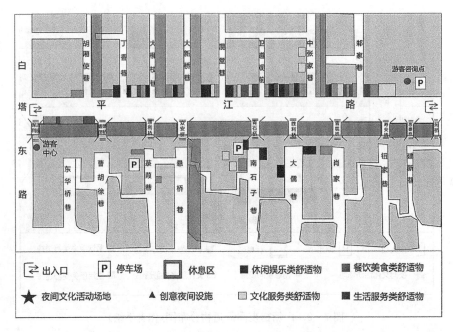

图 7-4 平江路历史文化街区夜间舒适物分布图(作者手绘)

通过三条街区的夜间舒适物种类及数量分析发现,山塘街酒吧类休闲娱乐场所相对居多,对街区夜间客流有一定的影响,而三条街区文化类夜间舒适物数量普遍较少,非遗传承不突出,街区夜间文化氛围不鲜明。从夜间灯光设施来看,观前街的灯光更明亮,灯光类艺术景观设施无论从种类上还是数量上远多于另外两个街区,且设施的风格与街区当前现代化风格相符,但缺乏街区特色元素的融入;山塘街夜间特色照明统一采用的是灯笼,灯笼上印有"山塘"二字,且游客对灯笼的感知也比较强烈,夜间效果很好,但其他灯光类设施也存在与景区风格不匹配的现象;平江路的夜间景观照明形式比较单一,河道为线性灯带,周围乔木采用的树挂灯,简单缠绕在树干上,河对面的建筑多为 LED 灯勾勒屋檐,形式简单粗糙,与周边环境不协调,且不能体现出苏州的地域特色。这表明街区的夜景照明尚缺乏整体的规划。

（三）街区夜间人群分析

场景理论指出群体对于城市和区域的发展具有关键性的影响,不同的人群会赋予城市或街区不同的影响力①。了解场景中涉及的各类人群,如居民、游客、商户等,他们的集聚所产生的特点与社会效应也会有所不同,这对街区夜间品牌的发展有一定的帮助。

1. 基于网络文本的街区夜间人群分析

本文将三个街区的高频词合并到一张表中,并对特征词一样或相似的进行合并盘整,通过筛选,整理了前 300 名以内的有关人群的高频词,见表 7-7。根据表中可以发现街区中"游客"比较靠前,其次是"朋友",说明来街区游览的游客多是与朋友一同前来,而从"人流""人多""人群"街区夜晚的人流量比较大,游客对此感知较深,其次是与当地相关的历史人物,如"白居易""诗人"等,说明很多游客是慕名而来,其次是对街区周围的"人家""居民""本地人""老人"感知较为强烈。

表 7-7　夜间人群相关高频词

排名	词语	词频	排名	词语	词频
19	游客	156	20	居民	24
60	朋友	53	137	诗人	18
69	白居易	45	151	人群	17
70	人家	45	160	年轻人	16
83	人流	43	181	本地人	14
96	人多	30	293	老人	10

---

①　魏建. 以场景红利为核心提升城市品质[J].山东师范大学学报(社会科学版).2021,66(01):92-100.

从游记中,也能发现游客对当地人群的感知比较强烈。

"从狮子林出来后又去了次平江路,这次不走那天晚上走过的主干道了,另辟蹊径,感受老城居民们的日常生活,很多小窄巷子,幽深阴暗,没几个人在外面,路过住户门口却能听见里面有人在打麻将聊天的声音,深入其中看到了不少只有本地人才会过来买的小吃,黄桥烧饼、炸油糕、粢饭团等等……"(马蜂窝游记,2019年5月)

"这条街区2013年去过一次,这次是第二次去,与朋友相约一起,感觉现在的人气足够了,去的人大多是年轻人,很文艺,这次慢游慢品,不像上次那么仓促,后半段也差不多游遍了,游览这条街的老外多了很多,还多了很多卖旗袍的店,卖儿童旗袍也有,有两家猫的天空之城,茶楼、餐厅和青旅民宿在粉墙黛瓦的老宅里而建,飘扬出来的吴侬软语般的评弹曲儿传递出了温柔的苏式味道,雕花门窗古朴而有味道,有些外墙上爬满了爬山虎,门口摆放了盆栽花植,营造了氛围,很有小清新森系范儿,文艺青年爱来这里自拍留影。枕水台阶,曾经是古埠,是老街居民夜以继日相伴的河道。"(马蜂窝游记,2020年7月)

说明本地居民对游客来说也是感知中重要的一部分,很多游客注重的不仅仅是单纯的游览,周围环境的亲和力也是重要的拉力,以情感留住游客,让街区还原苏州人家美好生活场景,使街区有温度,建筑可阅读,才能对游客产生最大的文化吸引力。

另外,街区中也出现了一些与一般性游览人群不同的群体,如摄影师、写生的艺术生、汉服爱好者等,如游记中"看到很多来拍摄的小姐姐""还有穿汉服的过来拍照""许多扛着专业摄像机过来的""桥那边还有学生在那儿写生"等相关描述,说明三个街区的建筑风格与文化魅力,除了会吸引普通游客群体外还会吸引部分艺术群体的集聚,这也是促进街区发展的主力军。

2. 基于问卷调研的街区夜间人群分析

根据问卷结果的整理,将三个街区的游客的基本人口特征绘制成表 7-8。从性别上来看,女性游客整体高于男性游客,年龄集中在 20～30 之间,三个街区中该年龄段的游客均占比最高,说明游客总体偏年轻化,但观前街的 31～40 年龄段的游客明显多于其他两个街区,观前街所吸引的年龄群体更丰富。职业上,观前街的企事业单位人群最高,山塘街和平江路历史文化街区均为学生比例最高。此外,问卷还调查了游客的来源,其中游览观前街的省内游客数量占比达到二分之一以上,是主要的游客来源,其次是邻省游客与其他地区的游客,说明三个街区对距离较远地方的游客文化吸引力不是很足,这一定程度上也受疫情的影响,结果可能有所偏差。

表 7-8　问卷调查中三个街区的夜间人群特征

	观　前　街	山　塘　街	平江路历史文化街区
性别占比	男　34.7%	男　35.5%	男　36.3%
	女　65.3%	女　64.5%	女　63.7%
年龄占比	20 岁以下　8.5%	20 岁以下　13%	20 岁以下　11.6%
	21～30 岁　58%	21～30 岁　64.5%	21～30 岁　73.7%
	31～40 岁　27.8%	31～40 岁　16%	31～40 岁　12.3%
	41～50 岁　5.1%	41～50 岁　5.8%	41～50 岁　1.2%
	51 以上　0.6%	51 以上　0.7%	51 以上　1.2%
职业占比	企、事业单位　34.1%	企、事业单位　13%	企、事业单位　19.3%
	政府公务员　6.3%	政府公务员　8.7%	政府公务员　2.9%
	专业文教科技人员　15.9%	专业文教科技人员　8.7%	专业文教科技人员　5.9%

续　表

	观　前　街	山　塘　街	平江路历史文化街区
职业占比	学生　　　29％	学生　　　47.8％	学生　　　55.6％
	艺术工作者　2.8％	艺术工作者　2.2％	艺术工作者　3.5％
	其他　11.9％	其他　19.6％	其他　12.8％
来源地占比	本市　34.1％	本市　21.7％	本市　22.8％
	本省　28.4％	本省　21.8％	本省　16.9％
	邻省　23.3％	邻省　26.1％	邻省　27.5％
	其他　14.2％	其他　30.4％	其他　32.8％

三、街区夜间活动分析

活动是人群在街区空间内的主体性的体现,可以衡量街区夜间活跃度[①]。另外,活动的种类及内容也能反映出街区夜间的环境与文化内涵。本文分别从街区的夜间休闲活动与夜间特有的艺术活动进行分析,了解"姑苏八点半"夜间品牌活动表现情况。

(一)夜间休闲活动

根据前面的高频词可以发现,观前街夜间休闲活动相关词语有"逛逛""美食""购物""游览""尝尝"等;山塘街的"游览""游船"等;平江历史文化街区的"逛逛""游览""拍照""打卡"等。总体上来看,三个街区都以游览观光为主,观前街更偏向于品尝美食、购物等,山塘街和平江路更偏向于欣赏风景、拍照打卡、乘船等。本文摘录了部分相关语句,如表7-9。街区夜晚优美的景色、迷人的灯光以及悠闲自在的氛围会让游客愿意此

---

① 刘东超.场景理论视角上的南锣鼓巷[J].东岳论丛.2017,38(01):35-40.

处闲逛、乘船游览,游客通过开展这些休闲活动,对街区的夜晚印象更为深刻。

表7-9　相关语句摘录

游记	语　句　摘　录
1	可以到处逛逛,欣赏周围的建筑,吃点小吃,十分惬意
2	苏州经常去,个人比较喜欢逛逛小店,平江路是我最爱逛的苏州景点之一,为了它,还特地在平江府住过一晚,比较小资,适合走走逛逛
3	建议大家晚上来,景色特别美,还可以游船拍照。街上还有酒吧,里面有驻唱歌手有兴趣的可以进去坐坐
4	两侧街道上商铺鳞次栉比,尤其是夜晚,华光闪烁,还有茶馆可以品茶听曲,在熙来攘往的人群里,品一品安静的滋味,或者晨起或者晚间无人时走一走,又别是一番风味
5	突然又爆红,现在去太多人,尤其夜晚,到处都是拍照打卡的,但的确值得一逛,随便走走看看,买买苏州特产,尝尝苏州美食,凑凑热闹

(二)夜间特色艺术活动

从高频特征词来看,观前街的夜间特色活动较少,感知比较弱,像"双塔集市""姑苏八点半""夜间活动"提及的比较少只有十几次的频率;山塘街和平江路历史文化街区都是"昆曲"和"评弹"提及最多,不少游客表示来苏州一定要听一听评弹,有游记提到"飘扬出来的吴侬软语般的评弹曲儿传递出了温柔的苏式味道""平江路上,还隐藏着一些评弹馆,信手走进一间,倒一杯清茶,磕一叠瓜子儿,听一段苏州评弹,悠扬婉转的曲调诉说着那些姑苏往事"等,再靠后一点就是"喝酒""品茶""打卡猫空""婚纱照""旗袍""琵琶""《都挺好》打卡"等。说明这种活动也逐渐成为街区独特的风景,像"猫的天空之城"(一家特色概念书店)出现24次,"都挺好"一词出现了17次,特色的小店以及电视剧的拍摄地展示出苏州的江南风韵,吸引不少外地游客前来打卡,这些特殊的艺术打卡地,同时也为街区的文化氛围锦上添花。但从整体上来说,三个街区的特色艺术活动方面的夜间品牌形象还比较弱,还需要深入挖掘街区的特色活动。相关语句摘录见表7-10。

表7-10　相关语句摘录

游记	语　句　摘　录
1	听听当地小调,错过很可惜。尤其对苏州文化感兴趣的,一定得去找个茶社坐一坐,听听评弹
2	非常喜欢这条街,古老时光与现代交错的奇妙感觉,好吃的、好玩的,令人目不暇接,有时间在这里喝喝茶,听昆曲、评弹,消磨时光,是最棒不过的感觉了
3	体验一下《都挺好》拍摄地,苏家老宅和食荤者美食基地,由于电视剧的热播,门口都会聚集很多人拍照,所以这个目的地很好找
4	你可以经常碰到在这里拍婚纱照的新婚夫妇,意境超好
5	现在推出夜游姑苏系列活动,观前街经常搞一些夜间活动,欢迎来打卡

通过实地考察,受疫情影响,目前三个街区中有关"姑苏八点半"的夜间特色艺术活动较少,观前街中设置有"姑苏park""碧凤坊集市"等活动,其他两个街区的评弹馆较多,但这也只是10月份实地调查了解到的活动,为了更好地了解三个街区关于"姑苏八点半"品牌活动开展情况,通过官网查询、相关报道收集整理了2020年4月到2021年10月之间内开展过的品牌活动,具体可见表7-11。

表7-11　"姑苏八点半"品牌相关活动汇总表

序号	时　间	名　称	内　容
1	2020年4—5月	繁华姑苏·潮流市集	五大功能板块,不同的主题活动供游客打卡
2	2020年5月	江南小剧场	《声动姑苏·平江》《八仙梦山塘》

序号	时　间	名　　称	内　容
3	2020 年 11 月	苏州赏色地图抖音创作大赛	在抖音发布关于苏州夜色的原创视频,内容如夜色、秋色等,发掘色谱里的苏州夜色美景
4	2020 年 12 月	"苏城遇谜城"	特色 VR、虚拟代言人摆摊等,苏州传统文化表演、夜娱电竞赛事等文娱体验项目
5	2021 年 5 月 20 日	Hi 嗨～姑苏 520	婚纱走秀
6	2021 年 6 月 19 日	"姑苏八点半　地铁奇妙夜"	依托轨道交通网,串联苏州 4 大夜间文旅消费集聚区,推出创意夜游活动
7	2021 年 7 月 17 日	"姑苏八点半　盛夏 YE 酷派"	姑苏区观前新艺广场
8	2021 年 8 月	"唤乐"啤酒节	观前街
9	2021 年 9 月	"姑苏八点半"、金秋夜跑	姑苏区观前街—平江路
10	2021 年 10 月	"夜 ZUI 苏州·盛世观前"	"夜 zui 平江路"特色市集;打击乐、街舞等潮嗨演出

从表 7-11 中可以看出"姑苏八点半"夜间品牌系列已在三个街区上线了很多特色活动,如"江南小剧场"这一子品牌,围绕山塘街的沉浸式文化体验剧《寻梦山塘》,平江路历史文化街区的《声入姑苏·平江》等文旅街区,将街巷、剧场等文化载体串联起来,吸引了不少市民与游客前来体验苏式生活的独特韵味。但因上述特色活动问世时间不是很久,其触及范围还不是很广,很多受访者并不是很了解。总体而言,三条街区的活动形式越来越丰富,融合了空间、舒适物、人群及活动,才使得夜间品牌的表现得以彰显,但特色活动的持续性效应不强,未来还需要继续探索,不断挖掘苏州的文化要素,使街区的夜间场景多元化,打造更多丰富多彩、别

具一格的街区活动,让江南文化更加深入人心,街区更有温度,更具活力。

根据活动分析,本研究发现街区中的文化体验类活动缺乏结合街区及本土文化进行特色主题设计,导致该类活动与其他的活动差别不大,缺乏辨识度。以观前街的夜间市集活动为例,该活动虽然对游客造成了一定的文化吸引力,但并未体现观前街的特色,建议应进行活动的差异化设计。而山塘街和平江路的夜间活动比较少,除了一些文化展馆外,大部分还是围绕美食与购物,街区的商业氛围在刺激消费同时,往往弱化了街区的文化特色。虽然平江路有游客们经常前来打卡的"猫的天空之城"概念书店,但内部展现苏州特有文化的文创商品较少。整体上,街区夜间活动对苏州文化资源的整合度较弱,苏州特有的民俗活动、非遗技艺等在街区中没有过多的体现,仅有几个地方有苏州评弹的表演。能够与游客产生互动性的体验活动也较少,游客的活动仍是游览为主,停留时间较短。

第四节　结　论

基于场景四要素,本文选择从街区、舒适物、人群、活动四个方面挖掘网络文本数据中游客对街区夜间品牌的感知,这一部分的分析中得出了以下结论。

第一,从街区夜间整体表现的分析中发现三条街区都有一定的历史资源基础,山塘街与平江路的建筑特色明显,仍保留有江南古色古香的韵味,游客对此的感知也比较强烈,这对苏州夜间品牌塑造有着积极的推动作用。但在发展过程中,观前街与山塘街愈发商业化,江南韵味不足,不少游客表示没有以前那么有味道,与其他同类街区相差无异。这说明这两条街区的同化现象明显、本土文化特色有所欠缺,文化氛围薄弱。

第二,从街区夜间舒适物的数量以及空间分布来看,观前街的舒适物数量最多,功能分区明显,但多以生活服务类的舒适物为主,其他类型的舒适物较少且分布零散。夜间灯光类设施种类多元,夜间元素相对丰富,但与观前本身特色相脱节;山塘街各种类型的舒适物分区较为明确,数量不相上下,灯光设施占比最大,但形式单一,以灯笼为主,其他夜间相关的舒适物少。可山塘街的酒吧数量远超于其他两个街区,也一定程度上表明其夜间的活力;平江路历史文化街区中各类舒适物分布零散,功能分区不明显,且与夜间景观相关联的舒适物不是很多。总体上文化服务类、休闲娱乐类、夜间关联的舒适物较少。

第三,从街区夜间人群感知来看,"年轻的"是三个街区夜间人群相关感知排名中都比较靠前的词语,表明游客以年轻群体为主,其次,当地居民和当地历史人物的相关词语也提及较多,游客对当地文化和当地居民的淳朴生活感知较深。

第四,从街区夜间活动来看,街区的夜间活动多以游览观光为主,特殊的艺术活动有"评弹""昆曲""网红打卡""拍摄"等,与"姑苏八点半"相关的活动多在观前街开展,其余两个街区的相关品牌活动较少。游客对街区夜间文化氛围感知较深,挖掘、弘扬街区文化与夜间场景如何相融或将成为街区夜间品牌发展的推动力。

参考文献

［1］Silver Daniel Aaron, Clark Terry Nichols.场景——空间品质如何塑造社会生活［M］.社会科学文献出版社,2019：39－41.

［2］吴声.场景革命:重构人与商业的连接［M］.北京:机械工业出版社,2015.

［3］刘桂茹.场景的"再场景化":新媒介时代文创街区的媒介形象建构与传播［J］.福建论坛(人文社会科学版).2020(02)：65－73.

［4］陈波.基于场景理论的城市街区公共文化空间维度分析［J］.江汉论坛.2019(12)：

128－134.

［5］傅才武,王异凡.场景视阈下城市夜间文旅消费空间研究——基于长沙超级文和友文化场景的透视[J].武汉大学学报(哲学社会科学版).2021,74(06)：58－70.

［6］黄翅勤,彭惠军,苏晓波.全球在地化背景下文化遗产地游客的酒吧消费体验研究[J].旅游学刊.2021,36(10)：26－38.

［7］魏建.以场景红利为核心提升城市品质[J].山东师范大学学报(社会科学版).2021,66(01)：92－100.

第八章 上海旅游目的地
品牌资产研究

第一节 绪 论

一、研究背景

品牌资产也称为品牌权益,是品牌管理和建设的核心理论。Morgan
等(2002)指出品牌化是目的地营销中最强有力的工具[1]。旅游目的地也
可以与普通产品和服务一样打造自身的品牌,成为独特的吸引物。旅游
目的地管理者和经营者也可以引入品牌概念,用品牌资产的理论来做好
旅游目的地品牌的营销、建设与管理工作。

如何检验和评价旅游目的地品牌推广的成效已日益成为学者们关注
的问题,学者们借鉴了营销学中 Aaker(1991)和 Keller(1993)对基于消费
者的品牌资产的定义,以基于旅游者的旅游目的地品牌资产(Consumer-
Based Destination Brand Equity,CBDBE)作为有效地评估目的地品牌化
管理与营销绩效的核心指标[2, 3]。

西方团队游一直是上海入境旅行社的主要业务。西方游客为何选择

本章作者:沈莉(1977—),女,江苏无锡人,上海旅游高等专科学校教师。

来上海,他们对上海这个旅游目的地品牌有哪些感知、期望和建议? 旅游主管部门又该采取何种有效的旅游目的地品牌营销与管理手段,吸引更多的西方游客? 旅行社该如何打开入境旅游产品研发的新思路,走出同质化竞争的恶性循环? 这些问题都值得探讨。

基于上述挑战与问题,本研究对在上海旅游的西方团队游客进行面对面的问卷调查,从西方团队游客视角考察上海旅游目的地品牌资产的构成要素,并探究品牌知名度、品牌形象、品牌质量和品牌价值对品牌忠诚度的影响关系,研究五个维度之间的逻辑关系、层次关系和相互作用。本研究有助于进一步理解旅游目的地品牌资产的构成与内涵,为上海打造世界一流旅游目的地品牌建设提供理论支持与依据。

二、文献综述

(一) 品牌资产

品牌资产是营销学中的重要概念。企业在实施品牌策略过程中,如何打造和优化品牌,如何对品牌进行测评与管理? 学界产生了品牌资产的概念。

从企业财务角度,品牌资产是一种无形资产,是提升企业利润或现金流的促进因素,是品牌带来的额外附加值。从消费者角度,Aaker(1991)指出品牌资产是能够为企业和消费者提供超越产品和服务本身之外的价值,并提出了品牌资产的五个研究维度,即:品牌知名度、品牌质量、品牌联想、品牌忠诚度和其他品牌专有资产(如商标、专利、渠道关系等)[2]。Keller(1993)将品牌资产定义为市场营销对消费者的品牌认知的影响,以及顾客对品牌认知的反响,品牌资产越高,顾客就越会对该品牌有积极回应[3]。Aaker 和 Keller 引导了基于消费者的品牌资产研究。

（二）基于游客的目的地品牌资产

旅游学者借鉴了营销学中品牌资产的概念，对旅游目的地品牌工作的绩效进行评估。Konecnik 和 Gartner(2007)最早提出了基于游客的旅游目的地品牌资产的概念，他们指出决定目的地品牌价值全部维度或因素的集合正是目的地品牌资产[4]。Kim 等（2009)认为目的地品牌资产是影响游客目的地选择，决定游客满意度的前提因素[5]。Pike(2009)将基于消费者的目的地品牌资产用作评估目的地的营销表现和品牌化的重要指标[6]。国内学者黄晶等（2013)认为从旅游者的角度分析和评价旅游目的地品牌资产，是目的地管理机构提高营销和管理绩效的重要工具[7]。

（三）基于游客的目的地品牌资产研究综述

在研究方法上，国外学者多运用调查问卷和结构方程模型等实证研究方法，以探求或验证品牌资产各个维度及彼此的关系。国内学者已经从最初的重视案例的定性研究，转为将定性和定量研究相结合。在研究内容上，有以下几个特点。

第一，不少学者对旅游目的地品牌资产的构成维度进行研究。Konecnik 和 Gartner(2007)开创了从游客视角出发的目的地品牌资产研究的先河，他们提出目的地品牌资产应该由品牌形象、品牌知名度、品牌质量和品牌忠诚度组成，这四个维度也共同奠定了未来品牌资产研究的基本框架[4]。Boo 等（2009)增加了第五个维度，即品牌价值，并在实证研究中对维度进行修正，将品牌形象和品牌质量合并为品牌体验[8]。本研究借鉴 Boo 等（2009)最初提出的五个维度，即旅游目的地品牌知名度(DBA)、旅游目的地品牌质量(DBQ)、旅游目的地品牌忠诚(DBL)、旅游目的地品牌形象(DBI)和旅游目的地品牌价值(DBV)，对上海旅游目的地品牌资产进行探究。

第二,很多学者对多个旅游目的地进行比较研究,如 Boo 等(2009)对两个博彩旅游目的地(拉斯维加斯和大西洋城)的品牌资产进行了对比研究,检验了博彩旅游目的地品牌资产维度及其关系[8];夏媛媛(2017)以三清山和庐山为案例,验证了游客对旅游目的地的三层次五维景区品牌资产模型[9]。

第三,品牌资产研究涉及不同类型的旅游目的地。有国家旅游目的地的,如:斯洛文尼亚[4]、中国[10]、澳大利亚[11]、西班牙[12]、巴西、智利和阿根廷[13];有地方旅游目的地的,如:陕西省[14]、大西洋城和拉斯维加斯[8]、罗马[15]、呼和浩特[16]、广州[17]、福州三坊七巷[18]、凤凰古城[19];有基于不同功能地的,如浙江的国家风景名胜区[20]、江西三清山和庐山[9]、台湾的工业旅游目的地[10]和台湾的美食旅游目的地[21]等。

第四,融合游客行为学、消费者心理学等学科,对目的地品牌资产进行研究。Ferns 和 Walls(2012)将游客对旅游目的地的持久参与行为、旅游目的地品牌资产和游客的旅游动机结合起来,提出旅游目的地品牌资产由品牌形象、品牌知名度、品牌质量和品牌忠诚度构成,游客的持久参与性会积极影响目的地的品牌资产,并以品牌资产为中介,对游客的旅游动机产生显著的影响[22]。

第五,也有不少研究对品牌资产的维度之间的关系进行验证分析。学者们针对具体的旅游目的地或其特定的游客市场提出了品牌资产的维度,对各维度的关系作了假设,并验证了基于游客的目的地品牌资产模型。有些学者将各个维度安排在同一层次,比如 Konecnik 和 Gartner(2007)将其四个维度视为并列平行的关系[4]。也有学者对维度进行了分层次的研究,对其彼此的逻辑关系进行了假设,Bianchi 和 Pike 等(2014)将品牌忠诚度作为自变量[13],Chow 等(2017)指出品牌忠诚度位于品牌资产金字塔模型最上端,并受下面每一层维度的影响[23]。

第二节　理论假设和变量描述

一、理论假设

基于上述文献综述,本研究选取五个维度研究目的地品牌资产,将品牌忠诚度作为因变量,将目的地品牌知名度、品牌形象、品牌质量、品牌价值作为自变量,四个自变量共同对因变量产生影响。根据 Boo 等(2009)、Bianchi 和 Pike 等(2014)、Chow 等(2017)的理论,本研究的五个变量之间逻辑关系不是并行的,而是有层次关系的。同时本研究将从西方团队游客视角,评估四个变量对因变量的影响程度的高低。

本研究将从西方团队游客的感知价值角度对品牌资产进行研究,探讨西方团队游客如何评价上海旅游目的地品牌资产各个维度,检验各个维度的相关性和层次性,为品牌资产的提升找到最佳路径。图 8-1 中DBA、DBV、DBI、DBQ 和 DBL 分别为品牌知名度、品牌价值、品牌形象、品牌质量和品牌忠诚度。

二、变量描述和假设依据

(一) 目的地品牌知名度(DBA)

Aaker(1991)将品牌知名度定义为消费者对青睐的品牌做出选择时对该品牌的再现度与熟悉度,是"潜在消费者识别与回应一个品牌是属于哪一类商品类型的能力"[2]。Aaker(2009)(1997)指出品牌知名度代表在目标消费者心中存在的强烈度[24]。Kim 等(2005)认为品牌知名度构成了在旅游和酒店接待业中品牌影响的重要组成部分[25],Belonax 等(1989)将品牌知名度作为影响消费者决策的重要因素[26]。

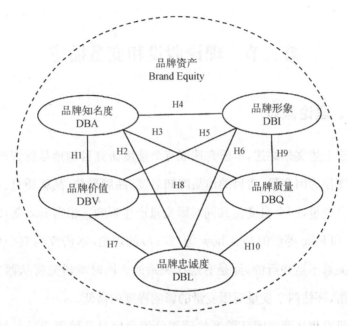

图8-1　旅游目的地品牌资产理论模型

Oh(2000)提出品牌知名度是客户关系价值的重要前提[27]。Bianchi等(2014)提出目的地品牌知名度正向影响品牌忠诚度[13],Cobb等(1995)和Chow等(2017)均验证了品牌知名度与品牌质量之间存在积极的关系[28,23]。Baloglu(2001)和Pike等(2010)认为品牌知名度与品牌形象之间存在积极的关系[29,11]。

本文提出以下假设:

H1.旅游目的地品牌知名度与旅游目的地品牌价值有相关性(DBA—DBV);

H2.旅游目的地品牌知名度与旅游目的地品牌忠诚度有显著正向影响(DBA—DBL);

H3.旅游目的地品牌知名度与旅游目的地品牌质量有相关性(DBA—DBQ);

H4. 旅游目的地品牌知名度与旅游目的地品牌形象有相关性（DBA—DBI）。

（二）目的地品牌形象（DBI）

Keller(1993)将品牌形象定义为对品牌的感知，反映出品牌在消费者心目中的联想[3]。Blain 等(2005)将目的地形象纳入目的地品牌的概念体系中[30]。Konecnik 和 Gartner(2007)指出旅游接待与住宿餐饮业的品牌形象已经是品牌资产的一个重要维度和元素[4]。

Hosany 等(2006)认为品牌形象已被视为品牌个性的一个因素[31]，Grace 等(2005)也指出旅游目的地品牌形象只是限于品牌个性所代表的社会形象与自我形象[32]，因此本研究所提及的品牌形象衡量的是游客个性与城市个性的匹配度。

Michell 等(2001)发现在品牌形象与品牌价值之间存在积极正向的关系[33]。Hosany 等(2006)认为目的地品牌形象是品牌忠诚度的重要构成因素，并影响旅游者对目的地的忠诚度[31]。Cretu 和 Brodie(2007)提出品牌形象影响着品牌忠诚度[34]。本文提出以下假设：

H5. 旅游目的地品牌形象与旅游目的地品牌价值有相关性（DBI—DBV）；

H6. 旅游目的地品牌形象与旅游目的地品牌忠诚度有相关性（DBI—DBL）。

（三）目的地品牌价值（DBV）

Day 和 Grask(2000)认为学界对消费者价值这一概念未形成广为接受的或公认的定义[35]，Sweeney 等(1999)提出目前最受推崇的是建立在价格基础上的定义[36]。Lassar 等(1995)认为顾客对于品牌的选择取决于在产品价格与实用性之间的感知权衡[37]。Hall 等(2001)研究证实感知价值是一个多维度的结构[38]。

Aaker(1997)指出品牌价值可以通过询问消费者来测量,比如品牌是否有高的性价比、消费者是否有放弃竞争品牌而选择此品牌的原因[24]。本研究采用 Aaker 的定义,通过游客对目的地旅游的性价比的感知来评估品牌价值。

Tsai(2005)指出品牌价值与消费者的复购意愿有正相关关系[39],Barrows 等(1989)、Petrick 等(1999)和 Grewal 等(2004)均指出感知价值与顾客忠诚度之间有积极的关系[40~42]。本文提出以下假设:

H7. 旅游目的地品牌价值与旅游目的地品牌忠诚度有相关性(DBV—DBL)。

(四)目的地品牌质量(DBQ)

Konecnik 和 Gartner(2007)将品牌质量作为基于消费者的品牌资产的一个主要测量维度[4]。Zeithaml(2009)认为品牌质量与消费者感知质量常被交替使用[43]。在旅游目的地研究中,品牌质量是品牌资产的关键构成要素之一[8],Keller(1993)和 Lassar 等(1995)也认为是品牌资产的重要维度之一[3, 37]。

Konecnik 和 Gartner(2007)将品牌质量定义为消费者对品牌优势或卓越性能的判断,是作为基于消费者的品牌资产的一个主要测量维度[4]。Keller(2003)从七个角度定义品牌质量:表现、特点、结构质量、可靠性、耐用性、适用性(可维护性)、款式与设计,将品牌表现纳入模型中用以测量目的地品牌质量[44]。

Murphy 等(2000)指出感知到的旅行品质也积极影响感知到的旅行价值[45]。Deslandes(2003)发现旅游目的地的感知质量积极影响了目的地的感知价值[46]。Baloglu 等(2001)提出品牌质量塑造了品牌形象,提升了品牌价值,是品牌资产模型中的决定因子[29]。Cretu 和 Brodie(2007)认为感知质量与品牌忠诚度之间存在积极的关系[34]。本文提出以下假设:

H8. 旅游目的地品牌质量与旅游目的地品牌价值有相关性(DBQ—DBV);

H9. 旅游目的地品牌质量与旅游目的地品牌形象有相关性(DBQ—DBI);

H10. 旅游目的地品牌质量与旅游目的地品牌忠诚度有相关性(DBQ—DBL)。

(五) 目的地品牌忠诚度(DBL)

品牌管理的一个主要目标是激发消费者的忠诚度。Aaker(1991)将品牌忠诚度被定义为"消费者对一个品牌的依恋和喜爱"[2],品牌资产的核心是消费者的品牌忠诚度,体现在满意度和溢价支付意愿。Keller(2003)将品牌忠诚度视为以消费者为基础的品牌资产的重要来源[44]。Lassar 等(1995)认为品牌资产来源于消费者在竞争品牌中对于某一品牌所持有的更为强烈的信心,具体体现为对品牌的忠诚度和乐意高价消费的意愿[37]。

在旅游目的地研究中,Kim 等(2018)指出重游率、重游意愿或推荐某目的地给他人都是衡量忠诚度的代表性指标[47]。本研究通过游客的态度与行为因素评估品牌忠诚度[2, 8, 44],通过调查旅游者的重游意愿和推荐意愿来衡量品牌忠诚度。

第三节　数据采集与分析

一、数据采集

本问卷采用李克特七级量表,由两部分构成:第一部分是针对构成旅游目的地品牌资产五个变量所对应的测量题项;第二部分是针对填写问卷的西方游客的社会人口统计信息。本文充分参考中外学者所采用的旅游目的地品牌资产的各个构成变量所对应的测试题项,借鉴了 Boo 等(2009)研究中的问卷内容,并结合上海的实际现状与特点,对体现五个变量的相关题项进行了设计,经过三次预测试,初步确定了 24 个测试题项(表 8-1)。

表 8-1　上海旅游目的地品牌资产测试题项

编码		测 试 题 项	出 处
DBA	DBA1	Shanghai has a good name and reputation 上海有好的口碑与知名度	Motameni and Shahrokhi (1998)[43] , Oh (2000)[44] , Soyoung Boo et al. (2009)[8]
	DBA2	Shanghai is very famous 上海很有名气	
	DBA3	The characteristics of Shanghai come to my mind quickly 上海的特征能立刻跃入我的脑海	Arnett et al. (2003)[45] , Pappu and Quester (2006)[46] , Yoo and Donthu (2001)[47]
	DBA4	When I am thinking of a modern city, Shanghai comes to my mind immediately 当我想到现代城市,上海立刻跃入我的脑海	Soyoung Boo et al. (2009)[8]
	DBA5	When I am thinking about business & exhibition, Shanghai comes to my mind immediately 当我想到商务会展,上海立跃入我的脑海	
	DBA6	When I am thinking about Chinese culture, Shanghai comes to my mind immediately 当我想到中国文化,上海立刻跃入我的脑海	
	DBA7	When I am thinking about Chinese modern urban landscape, Shanghai comes to my mind immediately 当我想到中国现代城市景观,上海立刻跃入我的脑海	

编　码		测　试　题　项	出　　处
DBI	DBI1	Shanghai fits my personality 上海符合我的性格	Lassar et al. (1995) [48]， Soyoung Boo et al. (2009) [8]
	DBI2	My friends would think highly of me if I visited Shanghai 我的朋友会因为我来过上海而欣赏我	
	DBI3	The image of Shanghai is consistent with my own self-image 上海的形象与我的个人形象一致	Sirgy et al(1997)[49]，Grace and O'Cass (2005) [50]
	DBI4	Visiting Shanghai reflects who I am 访问上海体现了我的自我	Soyoung Boo et al. (2009)[8]
DBQ	DBQ1	Shanghai provides tourism offerings of consistent quality 上海提供持久的旅游服务保障品质	Aaker(1991)[2]，Sweeney and Soutar (2001)[51]
	DBQ2	Shanghai provides quality experiences 上海提供有品质的体验	Soyoung Boo et al. (2009)[8]
	DBQ3	From Shanghai's offerings，I can expect superior performance 从上海提供的服务与设施,我对精湛服务会有期许	Lassar et al. (1995)[48] Soyoung Boo et al. (2009)[8]
	DBQ4	Shanghai performs better than other similar destinations 上海比相似的旅游目的地表现更好	
DBV	DBV1	Shanghai had reasonable prices 上海有合理的物价	Ambler et al. (2002)[52]，Sweeney and Soutar (2001)[51]，Soyoung Boo et al. (2009) [8]
	DBV2	Visiting Shanghai is economical 来上海旅游是经济实惠的	Lassar et al. (1995) [48]，Dodds et al. (1991)[53]，Soyoung Boo et，al. (2009)[8]
	DBV3	Considering what I would pay for a trip, I would get much more than my money's worth by visiting Shanghai 考虑到我为旅行付出的代价,通过访问上海,我会获得比金钱付出更多的价值	

续　表

编　码		测　试　题　项	出　　处
DBV	DBV4	The costs of visiting Shanghai are a bargain relative to the benefits I receive 访问上海的成本相对于我的收获来说是超值的	Sweeney and Soutar (2001)[51]，Grace and O'Cass （2005）[50]，Dodds et al. (1991)[53]，Soyoung Boo et al. (2009)[8]
	DBV5	Visiting Shanghai is a good deal 访问上海是超值的	Oh (2000)[44]，Soyoung Boo et al. (2009)[8]
DBL	DBL1	Shanghai would be my preferred choice for a vacation 上海是我度假的青睐之选	Baloglu （2002）[54]，Back and Parks （2003）[55]，Soyoung Boo et al. (2009)[8]
	DBL2	I would advise other people to visit Shanghai 我会建议其他人访问上海	Odin et al. (2001)[56]，Yoo and Donthu （2001）[47]，Soyoung Boo et al. (2009)[8]
	DBL3	Overall, I am loyal to this destination, Shanghai 总体上,我忠诚于上海这个旅游目的地	
	DBL4	I enjoy visiting Shanghai 我享受上海之行	Arnett et al. (2003)[45]，Bele'n del RI'o et al. （2001） [57]，Soyoung Boo et al. (2009)[8]

资料来源：作者整理。

　　问卷的正式发放与调研在 2018 年 4 月 10 日至 5 月 2 日进行,实地调研地点为上海博物馆、杂技场、入境旅游团的定点购物商店和餐厅。在征得带团导游同意后,发放给有意愿填写的西方团队游客,共收到调研问卷 420 份,有效问卷为 396 份,回收率 94.29%(表 8 - 2)。

　　在 396 份受访样本中,除去缺失值,女性占 55.9%,男性占 44.1%;首次来上海旅游的受访者最多,占 84.1%;受访的西方游客以老年为主,年龄在 50～70 岁之间的占 72.1%,其中 60 多岁的受访者占比最大,达到 39.1%;已退休的受访者占比最高,达到 43.2%,而家庭主妇的比例最低,

表 8 - 2　受访者的人口统计学特征表

问卷题项	类　别	频数	百分比	问卷题项	类　别	频数	百分比
来上海的次数	仅此一次	333	84.1	性别	男	171	43.2
	第二次	36	9.1		女	217	54.8
	第三次	11	2.8		缺失值	8	2
	超过四次	16	4	职业	专业或技术人士	85	21.5
年龄	10～19 岁	11	2.8		管理者	40	10.1
	20～29 岁	45	11.4		销售或文员	18	4.5
	30～39 岁	25	6.3		家庭主妇	12	3
	40～49 岁	21	5.3		已退休	171	43.2
	50～59 岁	75	18.9		学生	46	11.6
	60～69 岁	154	38.9		其他	24	6.1
	70～79 岁	55	13.9	来自地区	北美洲	202	51.0
	80 岁及以上	8	2		南美洲	14	3.5
	缺失值	2	0.5		欧洲	126	31.8
教育程度	中学	57	14.4		大洋洲	45	1.4
	大专	113	28.5		其他	9	2.3
	本科	103	26	家庭收入（千元美金/年）	35 以下	45	11.4
	研究生及以上	121	30.6		35～55	62	15.7
	缺失值	2	0.5		55～75	65	16.4
					75～100	63	15.9
					100 以上	112	28.3
					缺失值	49	12.4

资料来源：作者计算整理。

仅为 3％；大专及以上学历的受访者占 85.5％；来自北美洲的受访者占 51％，而来自南美洲的受访者仅占 3.5％；54.8％的受访者的家庭年收入为 3.5 美金到 10 万美金的普通消费群体，家庭年收入在 10 万美金以上的较高收入群体也占到 32.3％。

针对访问上海的主要目的的多项选择题，选择最多的是文化体验（占 61.1％），其后依次为领略中国现代城市（占 42.7％）、观赏历史遗迹（占 30.6％）、美食（占 22.7％）、购物（占 20.2％）、其他（占 15.9％）、夜生活（占 6.6％）。有受访者告知或注明了他们的来访目的是参加学校的游学活动，或由所在社团、行业组织安排的访问活动，因而选择"其他"。

二、数据分析

（一）信度分析

本研究的五个变量的 Cronbach α 值均大于 0.8，信度为理想。24 个题项的"修正项总计相关性"均大于 0.4，但题项 DBA2（Shanghai is very famous）与 DBA6（When I am thinking about Chinese culture, Shanghai comes to my mind immediately）的值接近 0.4，说明 DBA2 与 DBA6 这两个题项与旅游目的地品牌知名度（DBA）变量中的其余题项的相关程度较低。

24 个题项的"项目删除时 Cronbach α 值"除了 DBA6 的值（0.829）大于整个变量 DBA 的 Cronbach α 值（0.827）、DBI2 的值（0.842）等于整个变量 DBI 的值（0.842）外，其余各个题项的值都小于相对应的变量的 Cronbach α 值。虽然 DBA6 的信度分析不够理想，但不影响本次正式问卷的信度，研究的数据依然十分可靠。

（二）效度分析

本研究使用 SPSS25.0 对问卷的四个自变量对应的 20 个题项进行因素分析，KMO 值为 0.928，累计贡献率为 65.914％，表明问卷适合作因素分析。为易于提取与解释共同因子，本研究同时运用最大方差转轴法，对问卷中的四个自变量共 20 个题项进行了主成分分析，提取了四个因子，即 DBA、DBI、DBV 和 DBQ。由于 DBA2 和 DBA6 两个题项不在变量对应的位置上，综合信度分析的结果后，本研究决定删除这两个题项，即保留自变量中剩余的 18 个题项（表 8-3）。

表 8-3　旅游目的地品牌资产各潜变量的测试题项的信效度分析表

变量	题项编码	均值	修正项总计相关性	项目删除时 Cronbach α 值	标准因子载荷	Cronbach α 值
旅游目的地品牌知名度 DBA	DBA1	5.85	0.609	0.801	0.680	
	DBA2		0.470	0.820		
	DBA3	5.05	0.678	0.785	0.762	
	DBA4	5.37	0.675	0.785	0.777	0.827
	DBA5	4.92	0.622	0.795	0.691	
	DBA6		0.429	0.829		
	DBA7	5.51	0.574	0.803	0.611	
旅游目的地品牌形象 DBI	DBI1	4.54	0.660	0.807	0.754	
	DBI2	5.02	0.574	0.842	0.648	0.842
	DBI3	4.49	0.750	0.767	0.835	
	DBI4	4.32	0.724	0.777	0.802	
旅游目的地品牌质量 DBQ	DBQ1	5.53	0.759	0.849	0.807	
	DBQ2	5.83	0.786	0.840	0.838	0.883
	DBQ3	5.34	0.761	0.853	0.826	
	DBQ4	5.16	0.680	0.880	0.776	

续　表

变量	题项编码	均值	修正项总计相关性	项目删除时Cronbach α值	标准因子载荷	Cronbach α值
旅游目的地品牌价值DBV	DBV1	4.78	0.732	0.892	0.760	0.906
	DBV2	4.61	0.774	0.883	0.785	
	DBV3	4.92	0.778	0.882	0.835	
	DBV4	4.78	0.772	0.883	0.836	
	DBV5	5.22	0.765	0.885	0.738	
旅游目的地品牌忠诚DBL	DBL1	4.27	0.677	0.775	0.648	0.827
	DBL2	5.79	0.721	0.756	0.820	
	DBL3	4.91	0.690	0.766	0.735	
	DBL4	6.15	0.558	0.823	0.743	

资料来源:作者整理。

再次进行主成分分析,KMO 值为 0.927,四个因子的累计贡献率提高到 69.209%,证明保留的 18 个题项适合进行因素分析。由此,本研究最终确定了问卷中的四个自变量和对应的题项,进一步分析四个自变量对因变量 DBL 的影响。

(三)变量描述性统计分析

评分均值最高的为品牌质量(5.464 6),这是上海旅游目的地品牌资产构成中排名第一的优势要素(表 8-4)。其后依次为品牌知名度(5.337 4)、品牌忠诚度(5.276 6)、品牌价值(4.861 1)和品牌形象(4.589 0)。整个问卷题项中,游客对"我享受上海之行"评价最高,达到 6.15。

表 8 - 4　研究变量描述性分析表

名　称	平　均　值	标　准　差
品牌知名度(DBA)	5.337 4	1.100 85
品牌形象(DBI)	4.589 0	1.305 47
品牌质量(DBQ)	5.464 6	1.028 86
品牌价值(DBV)	4.861 1	1.238 54
品牌忠诚度(DBL)	5.278 6	1.159 23

（四）方差分析

通过方差分析发现如下几个特征。

第一,不同性别的西方团队游客受访者仅在上海旅游目的地品牌知名度方面具有显著的差异。女性受访者对上海旅游目的地品牌知名度的评价明显高于男性,女性的评价均值为 5.434 1,而男性的为 5.204 7。

第二,不同到访次数的受访者仅在上海旅游目的地品牌知名度方面具有显著的差异。84.1%的被访者都是第一次来上海,他们对品牌知名度的感知最弱。感知最强的是第三次来访的游客。

第三,不同职业受访者仅对上海旅游目的地品牌知名度的评价存在显著差异。"其他"职业的受访者对上海旅游目的地品牌知名度的评价最高,其后依次是家庭主妇、销售或文员、管理者、退休人员、专业或技术人员,评价最低的是学生。

第四,不同地区的西方团队游客受访者仅对上海旅游目的地的品牌价值的评价存在显著差异。来自南美的受访者对于品牌价值的评价均值最高,为 5.200 0;其后依次为大洋洲游客(均值 5.115 6)、北美游客(均值 5.062 7)、其他地区游客(均值 4.555 6)和欧洲游客(均值

4.488 9)。

第五,不同家庭年收入的西方游客仅对旅游目的地品牌价值的评价存在显著差异。家庭年收入在 3.5 万到 5.5 万美金的受访者对上海旅游目的地品牌价值的评价最高,而评价最低的是收入小于 3.5 万美金的受访者。见表 8-5。

表 8-5 不同受访者对品牌知名度和品牌价值的差异分析

公因子	不同年龄、到访次数、职业、客源地受访者的均值							F 值	Sig
品牌知名度	男性				女性			4.115	0.043*
	5.205				5.434				
	仅此一次		两次		三次		四次以上	4.860	0.002**
	5.254		5.611		6.018		6.000		
	专业或技术人员	管理者	销售者或文员	家庭主妇	退休人员	学生	其他	3.090	0.006**
	5.129	5.490	5.578	5.783	5.349	5.017	5.950		
品牌价值	北美		南美	欧洲	大洋洲		其他	4.800	0.001*
	5.026 7		5.200 0	4.488 9	5.115 6		4.555 6		

注: $*p<0.05$, $**p<0.01$, $***p<0.001$。
资料来源:作者整理。

(五)相关分析

从表 8-6 可知,DBL 与其他四个自变量之间的相关系数值均大于 0.4,并且相关系数均有显著性,说明因变量 DBL 与四个自变量 DBA、DBI、DBQ 及 DBV 之间存在较为显著的正相关关系,四个自变量之间均有相关性。这符合并验证了本研究提出的旅游目的地品牌资产理论模型

（变量相关性），10 个假设均得到验证。

表 8-6 调查问卷相关分析表

	品牌知名度 DBL	品牌形象 DBI	品牌质量 DBQ	品牌价值 DBV	品牌忠诚度 DBL
品牌知名度（DBA）	1				
品牌形象（DBI）	0.578**	1			
品牌质量（DBQ）	0.619**	0.646**	1		
品牌价值（DBV）	0.472**	0.565**	0.645**	1	
品牌忠诚度（DBL）	0.548**	0.664**	0.767**	0.688**	1

注：**. 在 0.01 级别（双尾），相关性显著。

（六）回归分析

本研究先采用了逐步多元回归的分析方法，即根据统计准则依序选取所有自变量进入回归模型中，是一种选择最优变量子集的方法，发现 DBA 对 DBL 不会产生影响关系，而其他三个自变量 DBI、DBQ、DBV 共可有效解释品牌忠诚度 67.9％的变异量。

再进行多元线性回归分析（如表 8-7 所示），再次证明三个变量 DBI、DBQ、DBV 可以解释针对旅游目的地品牌忠诚度 67.9％的变化原因。而且模型也通过 F 检验，研究模型公式为：DBL＝0.380 ＋ 0.194×DBI＋0.503×DBQ＋0.258×DBV。三个自变量的回归系数都呈现显著性，回归系数的值均大于 0，说明三个变量对旅游目的地品牌忠诚度产生正向的影响关系。根据标准化系数 Beta 值的大小，DBQ、DBV 和 DBI 的 Beta 值分别为 0.448、0.276 和 0.219。DBQ 对 DBL 的影响最大，DBV 次之，DBI 对 DBL 的影响屈居第三。

表 8－7　旅游目的地品牌忠诚度与研究变量回归分析表

因变量 DV	自变量 IV	非标准化系数		标准化系数	T	P	R^2	调整 R^2	F
		B	标准误	Beta					
品牌忠诚度	常　量	0.380	0.181		2.102	0.036	0.679	0.676	274.735
	品牌形象	0.194	0.034	0.219	5.640	0.000			
	品牌质量	0.503	0.047	0.448	10.675	0.000			
	品牌价值	0.258	0.036	0.276	7.118	0.000			

注：＊$p < 0.05$，＊＊$p < 0.01$。

可见在西方团队游客视角下的上海旅游目的地品牌资产的研究中，DBI、DBQ、DBV 对 DBL 产生显著的正向影响关系。

第四节　结论与建议

一、结论

本研究得出以下结论。第一，西方团队游客对上海旅游目的地的品牌资产的五个变量的评价分值，由高到低排列分别为：品牌质量、品牌知名度、品牌忠诚度、品牌价值和品牌形象。第二，根据方差分析发现，不同性别、不同到访次数、不同职业的游客都各自对旅游目的地品牌知名度方面存在显著差异。不同地域游客和不同家庭年收入游客均在旅游目的地的品牌价值上存在显著差异。第三，根据相关性分析发现，旅游目的地品牌忠诚度与旅游目的地的品牌知名度、品牌形象、品牌质量及品牌价值这四个自变量之间存在较为显著的正相关关系。同时五个变量之间互有相关性。第四,通过回归分析发现,旅游目的地品牌质量、旅游目的地品牌价值、旅游目的地品牌形象对旅游目的地品牌忠诚度产生显著的正向影响关系,而旅游目的地品牌知名度对旅游目的地忠诚度并没有影响关系。

本研究认为由于受访者是西方团队游客,他们有一些特殊性,才导致了品牌知名度不显著影响品牌忠诚度的结果。首先,团队游客往往是因中国作为国家旅游目的地的品牌慕名而来,对中国之行中某一城市的知名度可能并不十分关注;其次,西方团队游客的食、住、行、游、购、娱等都由旅行社和导游安排好了,游客无需操心任何安排,因此往往更注重对旅行社品牌的满意度和忠诚度,而缺乏旅游目的地的忠诚度;最后,研究也发现绝大多数团队游客在来上海后,可能会向朋友推荐上海,但通常自身不会再故地重游,反而有可能会跟随满意度高的同一家旅行社去不同的旅游目的地游览。

二、讨论与建议

提升与强化上述五个品牌资产的构成要素中任何一个要素,都会相应地正向影响其他要素,在整体上也会为提升上海的品牌资产形成良性循环的推动力。

首先,保持与发挥上海旅游目的地在品牌质量方面的优势。根据变量的描述性统计结果,品牌质量是上海品牌资产要素构成中排名第一的优势要素,提高品牌质量不仅能积极影响品牌忠诚度,更能极大促进上海旅游目的地品牌的建设。针对品牌质量的有关题项,评分最低的是"上海比相似的旅游目的地提供更好的设施",这说明虽然西方游客认可上海的品牌质量,但在全球范围内,上海在改进硬件与软件方面仍有提升空间,需要提高竞争力。例如,可以加强一线接待人员的外语沟通能力,加大上海的交通、市容、治安管理力度等;提升景区服务水平,完善上海入境旅游服务标准体系建设。

其次,定位上海城市品牌,打造旅游目的地品牌知名度。品牌定位是品牌运营的前提,是确定品牌个性的策略设计。Dedeoglu 等(2019)认为旅游目的地管理机构应该利用好传统媒体和社交媒体适时地打造品牌知名度[48]。基于此,可以从几个方面提升品牌知名度。第一,品牌定位要从整体上分析上海的旅游文化,挖掘本地独特的旅游资源,打造独具文化吸引力的旅游品牌。有三成的受访者希望能游览上海的历史遗迹,我们可以将上海的海派文化、中西合璧的城市气质作为亮点向世界进行营销;第二,加大上海旅游的外语服务热线与投诉平台的宣传与推广,让更多海外旅游界同行和游客知晓上海文化和旅游局打造的官方旅游服务平台(http://meet-in-shanghai.net);第三,高效利用西方社交平台,在西方社交媒体上注册宣传上海旅游的账户,不仅推荐上海旅游资源与设施,为游客提供促销、咨询服务,更鼓励海外游客在这个平台分享上海旅游的攻略、不断贡献原创的内容(User Generated Content:UGC),使之成为一个互动的上海旅游者社区平台;第四,受访者对品牌知名度这一维度中的五个题项,“当我想到商务会展,上海立刻跃入我的脑海”的评分最低,商务旅游是入境旅游中新的利润增长点,无论是旅游目的地管理机构还是入境旅游从业者都需要重视入境商务旅游市场,提高上海作为商务旅游目的地的知名度。

再次,重视口碑营销,开发重游率高的旅游产品,提升旅游目的地品牌忠诚度。本研究的几点建议如下。

一是发挥高重游率的游客积极性。比如邀请他们在当地参加上海市文化和旅游局或旅游企业的推介会、给予他们更大的旅游折扣力度、鼓励他们在 Facebook 等海外自媒体平台宣传上海等。

二是加大开发重游率高的旅游产品，比如有较高的利润空间和客户黏性的商务旅游、会展旅游、研学旅游。

三是重视事件营销，优化旅游目的地品牌价值。旅游目的地管理机构需要挖掘城市的 IP 与新坐标。对于事件营销，参与者会较少计较成本，只为投入其中、体验活动的精彩。可以考虑利用各种重大事件来提高上海在全球、特别是年轻人心中的品牌价值，成为独树一帜的事件城市（Event City），如借助上海举办马拉松、电竞、网球等赛事、举办中国国际进口博览会等大型活动的契机，向全世界宣传上海的旅游品牌；重视名人效应和粉丝效应，积极挖掘在世界有影响力的上海名人。挖掘上海独有的人文资源，丰富旅游产品的多元化。比如西方游客对上海人民公园的相亲角颇有兴趣，不妨把这个体现上海社会风貌的地点融入旅游线路中。

四是针对不同群体，树立鲜明的旅游目的地品牌形象。研究发现家庭年收入中等偏上、第一次来上海的五十至七十多岁的北美女性游客构成了西方团队旅游的主力；西方团队游客的教育程度普遍较高，常规团队行程已很难满足高学历游客的需求。

因此，要重视对女性群体的品牌营销，提升上海在女性群体中的影响力和知名度，针对中高收入、中高教育程度的游客，设计高水准的体验旅游产品，突出上海旅游产品的多元化、丰富化、深度化；积极吸引西方年轻游客，符合他们的接受度与兴趣点，将上海品牌形象迅速传播给身边人，能起到蜂鸣营销的作用。

最后，借力夜间经济，推动上海迈向世界一流旅游目的地。本研究发现西方团队游客对上海作为不夜城的感知度还比较低，受访者中仅 6.6％将"夜生活"列入来上海旅游的目的之一。上海要发挥"夜上海"的魅力，提高上海都市夜生活的文化吸引力，打造"不夜城"的都市旅游品牌。可以开发多元化的夜间经济业态，如：夜间集市和庙会、演艺夜游、运动夜游、浦江夜游、天文夜游、摄影夜游;将文化体验融入夜游活动,向市民和游客提供文化性强、品位性高的夜间体验,如博物馆夜游、深夜书店、夜间艺术沙龙等;打造夜间出游无忧的城市。借鉴国际经验,建立"夜间区长"和"夜生活首席执行官"制度,统筹协调夜间经济发展,从交通、商业、公厕、医疗、治安、灯光照明、指引牌等公共配套设施入手,统筹相关部门,让夜间的服务与设施更人性化。

三、研究的不足与展望

(一)研究不足

Herrero 等(2017)提出国家是一个"伞品牌"(umbrella brand),城市是"伞品牌"下面的品牌,所以城市旅游目的地品牌资产的研究可以将国家品牌对城市品牌的影响考虑进去[12]。本研究没有将中国作为一个"伞品牌",没有研究中国整体的旅游品牌对上海入境旅游品牌的影响。本研究采用七分制量表,问卷属于主观题,由于西方游客对旅游目的地品牌资产的所涉及的问卷题项存在理解偏差,可能会对研究的精确性和可靠性带来了一定程度的影响。

(二)研究展望

在之后的研究中,第一,可以将上海的旅游目的地品牌资产置于中国旅游目的地品牌资产的宏观背景下,分析中国的旅游品牌对上海旅游目的地品牌资产的影响;第二,可以尝试将问卷的题项含义表达得更为清楚,除了英文问卷,也可以尝试多国语言版本,便于不同母语的游客理解并参与填写;第三,可以尝试用结构方程模型,进一步分析在西方团队游客视角下,上海品牌资产的模型的拟合度,分析变量之间的路径关系;第四,尽量使样本在地域分布上更均衡,并进一步完善基于游客视角的旅游目的地品牌资产的模型,并适当引入新的变量到旅游目的地品牌资产模型。

参考文献

[1] MORGAN N, PRITCHARD A, PIGGOTT R. New Zealand, 100% pure. The creation of a powerful niche destination brand [J]. Journal of Brand Management, 2002, 9(4): 335 - 354.

[2] AAKER D A. *Managing Brand Equity* : Capitalizing on the Value of a Brand Name[M]. New York: The Free Press, 1991.

[3] KELLER K L. Conceptualizing, measuring, and managing customer-based brand equity [J]. Journal of Marketing, 1993, 57(1): 1 - 29.

[4] KONECNIK M, GARTNER W C. Customer-based brand equity for destination [J]. Annals of Tourism Research, 2007, 34(2): 400 - 421.

[5] KIM S H, HAN H S, HOLLAND S, et al. Structural relationships among involvement, destination brand equity, satisfaction and destination visit intentions: The case of Japanese outbound travelers [J]. Journal of Vacation Marketing, 2009, 15(4): 349 - 365.

[6] PIKE S. Destination brand positions of a competitive set of near-home destinations [J]. Tourism Management, 2009, 30(6): 857 - 866.

[7] HUANG Jing, HE Jun, NIU Yanyu. A review of foreign literature on consumerbsed destination brand equity [J]. *Journal of Beijing International Studies University*, 2013, 35(11): 72 - 78.[黄晶, 何君, 牛燕雨, 等. 基于消费者的旅游目的地品牌资产研究外文文献综述[J]. 北京第二外国语学院学报, 2013, 35(11): 72 - 78.]

[8] BOO S, BUSSER J, BALOGLU S. A model of customer-based brand equity and its application to multiple Destinations[J]. Tourism Management, 2009, 30: 219 - 231.

[9] XIA Yuanyuan. Scenic Area Brand Equity Model Establishment Based on The tourists Angle[D]. Nanchang: Jiangxi Normal University, 2017.

[10] WANG Jin. A Study of Tourist-Based Country Brand Equity: A Case Study of Chinese Inbound Tourist[D]. Wuhu: Anhui Normal University, 2014.

[11] PIKE S, BIANCHI C, KERR G, et al. Consumer-based brand equity for Australia as a long-haul tourism destination in an emerging market [J]. International Marketing Review, 2010, 27(4): 434 - 449.

[12] HERRERO A, MARTIN H, SALMONES M, et al. Examining the hierarchy of destination brands and the chain of effects between brand equity dimensions[J]. Journal of Destination Marketing & Management, 2017, 6(4): 353 - 362.

[13] BIANCHI C, PIKE S, LINGS I. Investigating attitudes towards three South American destinations in an emerging long-haul market using a model of consumer-based brand equity (CBBE) [J]. Tourism Management, 2014, 42: 215 - 223.

[14] SUI Lina, GUO Yilan, CHENG Wei. A study of model construction of tourism destination brand equity perception: a case study of Shannxi [J]. Tourism Research, 2018,10(03): 77 - 87.

[15] KLADOUS, KEHAGIAS J. Assessing destination brand equity: An integrated approach[J]. Journal of Destination Marketing & Management, 2014, 3(1): 2 - 10.

[16] LIU Lijuan, LV Xingyang. Study on consumer-based brand equity for a destination: a case of Hohhot [J]. Journal of Arid Land Resources and Environment, 2016, 30(10): 204 - 208.

[17] XIA Liufang. Research on The Evaluation and Promotion of Guangzhou Tourism Brand Equity Based on Content Analysis[D]. Guangzhou: Guangdong University of Technology, 2016.

[18] MA Jianfeng. The Tourism Destination Brand Equity Modeling Study in Sanfangqixiang of Fuzhou City: A Perspective of Vistors[D]. Fuzhou: Fujian

Normal University, 2015.

[19] XU Chunxiao, MO Liping. A study about the driving factor model of tourism destination brand equity: a case study of Fenghuang[J].Tourism Tribune, 2014, 29(07): 77 – 87.

[20] HUANG Jie.Research on the Brand Equity of National Scenic Spots: from the Perspective of College Students Engaged in Short Excursions[D]. Shanghai: Fudan University, 2012.

[21] HORONG J, LIU C, CHOW H, et al. Understanding the impact of culinary brand equity and destination familiarity on travel intentions [J]. Tourism Management, 2012. 33(4): 815 – 824.

[22] FERNS B, Walls A. Enduring travel involvement, destination brand equity, and travelers' visit intentions: A structural model analysis [J]. Journal of Destination Marketing & Management, 2012. 1(1): 27 – 35.

[23] CHOW H, LING G, YEN I, et al. Building brand equity through industrial tourism [J]. Asia Pacific Management Review, 2017, 22(2): 70 – 79.

[24] AAKER J L. Dimensions of brand personality [J]. Journal of Marketing Research, 1997, 24.

[25] KIM H B, KIM W G. The relationship between brand equity and firms' performance in luxury hotels and chain restaurant [J]. Tourism Management, 2005, 26: 549 – 560.

[26] BELONAX J J, JAVALGI R G. The influence of involvement and product class quality of consumer choice sets [J]. Journal of Academy of Marketing Science, 1989, 17(3): 209 – 216.

[27] OH H. Diner's perceptions of quality, value & satisfaction [J]. Cornell Hotel &Restaurant Administration Quarterly, 2000, 41(3): 58 – 66.

[28] COBB-WALGREN C J, RUBLE C A, DONTHU N. Brand equity, brand

preference, and purchase intent [J]. Journal of Advertising, 1995, 24 (3): 25 - 40.

[29] BALOGLU S. Image variations of Turkey by familiarity index: Informational and experiential dimension [J]. Tourism Management, 2001, Vol. 22: 127 - 133.

[30] BLAIN C, LEVY S E, RITCHIE JR B. Destination branding: Insights and practices from destination management organizations [J]. Journal of Travel Research, 2005, 43(4): 328 - 338.

[31] HOSANY S, EKINCI Y, UYSAL M. Destination image and destination personality: an application of branding theories to tourism places [J]. Journal of Business Research, 2006, 59: 638 - 642.

[32] GRACE D, O'CASS A. Service branding: consumer verdicts on service brands [J]. Journal of Retailing and Consumer Services, 2005, 2(2): 125 - 139.

[33] MICHELL P, KING J, REAST J. Brand values related to industrial products [J]. Industrial Marketing Management, 2001, 30(5): 415 - 425.

[34] CRETU A, BRODIE R. The influence of brand image and company reputation where manufacturers market to small firms: a customer value perspective [J]. Industrial Marketing Management, 2007, 36(2): 230 - 240.

[35] DAY E, CRASK M R. Value assessment: the antecedent of customer satisfaction [J]. Journal of Consumer Satisfaction, Dissatisfaction and Complaining Behavior, 2000, 13: 53 - 59.

[36] SWEENEY J G, SOUTAR G N, JOHNSON LW. The role of perceived risk in the quality-value relationship: a study in a retail environment [J]. Journal of Retailing, 1999, 75(1): 77 - 105.

[37] LASSAR W, MITTAL B, SHARMA A. Measuring customer-based brand equity [J]. Journal of Consumer Marketing, 1995, 12(4): 11 - 19.

[38] HALL J, ROBERTSON N, SHAW M. An investigation of perceived value and

consumable goods [J]. Asia Pacific Advances in Consumer Research, 2001, 42 (2): 23 – 31.

[39] TSAI S. Utility, cultural symbolism and emotion: A comprehensive model of brand purchase value [J]. International Journal of Research in Marketing, 2005, 22: 277 – 291.

[40] BARROWS C, LATUUCA F. BOSSELMANC R. Influence of restaurant reviews upon consumers [J]. FIU Hospitality Review, 1989, 7(2): 84 – 92.

[41] PETRICK J, BACKMAN S, BIXLER R. An investigation of selected factors effect on golfer satisfaction & perceived value [J]. Journal of Park & Recreation Administration, 1999, 17(1): 40 – 59.

[42] GREWAL D, LEVY M, LEHMANN D R. Retail branding and customer loyalty: an overview [J]. Journal of Retailing, 2004, 80: 9 – 13.

[43] ZEITHAML V A. Consumer perception of price, quality & value: a means-end model & synthesis of evidence [J]. Journal of Marketing, 1998, 52(3): 2 – 22.

[44] KELLER K L. Strategic Brand Management: Building, Measuring, and Managing Brand Equity [M]. NJ: Prentice-Hall, 2003.

[45] MURPHY P, PRITCHARD M P, SMITH B. The distinction product & its impact on traveler perceptions [J]. Tourism Management, 2000, 21: 43 – 52.

[46] DESLANDES DD. Assessing Consumer Perceptions of Destinations: A Necessary first Step in the Destination Branding Process [D]. The Florida State University, 2003.

[47] KIM S, CHOE J Y, PETRICK J F. The effect of celebrity on brand awareness, perceived quality, brand image, brand loyalty, and destination attachment to a literary festival [J]. Journal of Destination Marketing & Management, 2018,9: 320 – 329.

[48] DEDEOGLU B. B, VAN NIEKERK M, WEINLAND J, et al. Re-conceptualizing customer-based destination brand equity [J]. Journal of Destination Marketing & Management. 2019, 11: 211 – 230.